서랍 속 엄마의 일기장

# 자카란다가 흐드러진
## 보랏빛 계절이 올 때면

서랍 속 엄마의 일기장
## 자카란다가 흐드러진 보랏빛 계절이 올 때면

**초판 1쇄 발행** 2025년 6월 27일

**지은이** S.M.H & 서사랑
**표지그림** S.M.H
**사진** Sunny & 서사랑
**펴낸이** 장현수
**펴낸곳** 메이킹북스
**출판등록** 제 2019-000010호

**디자인** 강혜원
**편집** 최미영
**교정** 안지은
**마케팅** 김소형

**주소** 서울특별시 구로구 경인로 661, 핀포인트타워 912-914호
**전화** 02-2135-5086
**팩스** 02-2135-5087
**이메일** making_books@naver.com
**홈페이지** www.makingbooks.co.kr

ISBN 979-11-6791-711-9(03810)
값 16,800원

ⓒ S.M.H & 서사랑 2025 Printed in Korea

잘못된 책은 구입하신 곳에서 바꾸어 드립니다.
이 책의 전부 또는 일부 내용을 재사용하려면 사전에 저작권자와 펴낸곳의 동의를 받아야 합니다.

메이킹북스는 저자님의 소중한 투고 원고를 기다립니다.
출간에 대한 관심이 있으신 분은 making_books@naver.com로 보내 주세요.

서랍 속 엄마의 일기장

# 자카란다가 흐드러진
## 보랏빛 계절이 올 때면

S.M.H & 서사랑 지음

메이킹북스

*자카란다 나무*: 자카란다는 원산지는 중남미이지만 주로 열대와 아열대 지역에서 널리 자라며 꽃이 아름다워 전 세계로 퍼져 주로 가로수나 정원수로 널리 자란다. 색상은 독특하게 청자색이며 빛에 따라 파랑에서 보라색을 넘나든다. 벚꽃이 핑크빛으로 봄을 물들인다면 자카란다는 늦봄에서 초여름을 보랏빛으로 수놓는다. 캘리포니아의 초여름, 오렌지카운티 길거리 역시 황홀한 자카란다의 보랏빛 물결이 장관이다. 자카란다가 절정을 이루던 2016년 5월 중순 엄마는 당시 유학 중이던 나를 보기 위해 캘리포니아 애너하임에 방문하셨다. 평소 보랏빛을 좋아하던 엄마셨기에 자카란다의 매력에 흠뻑 매료되셨다. 엄마 생신이 5월 22일이기에 나는 자카란다 나무를 엄마 나무라고 부르기로 했었다. 지금도 5월이 되면 친구에게 거리마다 장관을 이루는 자카란다 나무 사진을 찍어서 보내달라고 부탁하곤 한다. 사진을 보며 그 시절 그곳 추억을 떠올린다. 행복해하실 엄마가 그리워진다.

Prologue
## 2021년 1월 24일

　엄마의 장례를 치르고 며칠 뒤, 사랑이 언니와 엄마의 유품을 정리하기 시작했다. 침대 아래 서랍장 안을 열어보니 꽤 많은 노트가 들어 있었다. 뭔가 하고 노트를 열어보니 엄마의 일기장이었다. 우연히 펼친 페이지엔 "2015년 8월 5일, 사랑이가 갈치조림을 해달래서 만들어줬는데 식당에서 파는 것보다 맛있다고 좋아한다…(중략)…" 이런 내용이 쓰여 있었다. 순간 이젠 그런 엄마가 내 곁에 없다고 생각하니 눈물이 펑펑 쏟아졌다. 엄마는 언제부터 일기를 써 온 걸까? 상자를 다시 닫고 당분간 다시 열어볼 용기가 생길 때까지 창고에 보관하기로 했다.

Prologue
## 2024년 1월 10일

　엄마가 돌아가시고 3년째… 선조들이 3년 상, 5년 상을 치르는 게 그저 관례려니 했는데… 사랑하는 가족을 잃고 그들을 그리워하며 슬픔과 상처를 극복하는 데 걸리는 시간이 최소 3년은 걸린다는 것을 직접 체험을 통해서 알게 되었다. 사람마다 각자 사연에 따라 다르겠지만, 적어도 내게는 완벽하게 슬픔을 극복하는 것은 불가능한 것 같다. 다만 시간이 흐를수록, 엄마가 보고파서 혹은 엄마에게 미안해서 쏟아내는 눈물의 강도와 횟수가 줄어들 뿐이었다. 처음엔 엄마와 함께 다니는 모녀의 모습만 보더라도, 엄마와 다퉜다는 지인들의 이야기만 들어도, TV 속에 나오는 모녀의 사연을 듣는 것만으로도, 그냥 하염없이 눈물이 나왔다. 그럴 때마다 '계실 때 잘해야지… 그래도 엄마가 곁에 있잖아. 안 계시면 나중에 후회한들 아무 소용도 없는 거야.' 그저 그들이 부럽기만 했다. 엄마가 1년여 동안 암과의 사투 속에 고생하시는 모습을 보면서도 '울 엄마는 특별하니 절대 돌아가시지 않아, 하나님의 기적으로 반드시 살아나실 거야.' 하는 막연한 기대감은 있었을지언정, 이렇게 엄마와 허무하게 이별하리라고는 한순간조차 생각하지 못했기 때문에, 그만큼 이별의 충격이 더 컸다. 나이가 들면서 깨닫게 된 것은 누구에게나 예외 없이 고난은 찾아올 수 있다는 거. 우리 가족에게 닥친 고난은 바로 엄마와의 예기치 않은 이별이었다.

서랍 속에서 엄마의 일기장을 다시 꺼내 열어보는 데까지 3년이 걸렸다. 일기를 읽으며 엄마와의 추억을 되새기다 보니, 잊고 있던 엄마의 두 가지 바람이 떠올랐다. 엄마의 첫 번째 바람은 목소리가 변하기 전에 자신이 직접 부른 노래를 녹음한 음반을 간직하는 것이었다. 원래 성악가의 꿈을 꾸셨던 만큼 (결혼과 함께 그 꿈을 접으셨지만) 노래 실력이 출중하셨다. 책을 집필하는 것이 엄마의 두 번째 바람이었는데, 가끔 "내가 집에 없으면 속초 바다 근처 숙소에서 〈G선상엔 아리아가 없다〉는 글을 집필하고 있는 줄 알고 있거라."라고 엄마는 농담조로 말하곤 하셨다. 첫 번째 바람이던 음반 프로젝트는 시랑이 언니의 재정적 뒷받침 덕분으로 2019년 5월에 이루어졌다. 엄마의 이뤄지지 못한 두 번째 바람이 못내 아쉽게 느껴져, 고심 끝에 언니와 상의하여 엄마의 일기장에 남겨진 엄마의 소소한 일상 내용을 엮어 책을 출판해 드리기로 했다. 그럼 혹시 하늘에서 엄마가 지켜보시며 작가로도 데뷔했다고 좋아해 주시진 않을까? 이렇게 하여 엄마 대신 엄마의 책 가제 'G 선상엔 아리아가 없다 (자카란다가 흐드러진 보랏빛 계절이 올 때면 – 서랍 속 엄마의 일기장)' 출판 프로젝트는 시작되었다.

이 책은 엄마가 쓴 2008년 2월부터 2020년 2월까지의 일기 기록과 엄마의 마지막 순간까지의 기록을 담고 있다. 일기 글의 특성상 프라이빗한 부분이 많아 등장인물의 이름은 바꾸어 기록하였다. 문맥상 내용 이해가 필요한 부분에 있어서는 나(옮긴이)의 입장에서 별도(♥)

보충 설명을 추가하였다.

　시련을 극복하는 데 내게 도움을 되었던 것 중 하나는 이별로부터 온 상실의 아픔을 다룬 책을 읽는 것이었다. 이 세상 어딘가에 나와 비슷한 아픔을 가지고 살아가는 사람들이 존재한다는 사실에 위로가 되고 이름 모를 그들과 연대감이 생기는 것 같았다. 그들의 슬픔에 공감하면서 내 마음의 상처도 조금씩 치유되어 가고 있는 것을 느낄 수 있었다. 이 책이 상실의 고통을 겪고 있는 누군가의 아픔을 조금이나마 어루만져 주는 위로가 되었으면 하는 작은 바람을 가져본다.

# 목차

| | |
|---|---|
| 2008년 | 12 |
| 2010년 | 23 |
| 2013년 | 32 |
| 2014년 | 38 |
| 2015년 | 55 |
| 2016년 | 95 |
| 2017년 | 153 |
| 2018년 | 196 |
| 2019년 | 240 |
| 2020년 | 295 |
| 그 후의 이야기 | 308 |
| 에필로그 | 327 |

2008년

## 2008. 2. 9.

개학. 좀 더 야물어지고 성장한 모습으로 만난 아동들의 얼굴이 반갑고 대견. 요즘 가끔 경제적 빈곤을 느낀다. 함께 밀려오는 아쉬움. 그때 그랬더라면… 그래, 인생에는 내가 늘 주장했던 대로 'if'는 없는 거야.

> ♥ 당시의 엄마의 상황은 녹록지 않았다. 2007년 뇌졸중으로 쓰러지셨던 아빠, 미국 국비 유학 중이었던 시랑이 언니의 부재, 다니던 회사를 관두고 임용고시를 준비하고 있었던 나, 미국에서 살고 있는, 아직 경제적 독립을 하지 못한 시진이. 엄마 혼자서 모든 짐을 짊어지신 채 아등바등 허덕이시던 모습이 기억난다. 아빠의 병원비며 시진이 뒷바라지하며 경제적 현실에 부딪힐 때면 부동산으로 재테크할 절호의 기회를 놓쳤던 것(사실, 아빠의 방해로 무산되었지만....)을 아쉬워하셨던 적이 많았다. 그러다가도 엄마는 금세 'if(만약)'이란 없는 거라며 긍정적으로 마인드컨트롤을 하셨다.

## 2008. 2. 10.

시진이에게 송금. 시진이가 자립할 때까지 나 또한 건강하게 직장을 다녀야겠다는 다짐! 계획했던 대로 되지 않는 것은 필연. 건강상, 그래도 그만하기 다행이라며 안위해 보지만 미국에서는 차가 생명인데 시진이의 '낡은 차' 때문에 쏠쏠히 큰돈이 들어가는 것이 속상하고 그렇다고 새 차를 사주지 못하는 것이 속상하고! 가끔 밀려오는 … 에 대한 공포. 그렇다고 이 상황에 대해 남편에게 말해본들 해결은커녕 걱정만 이중, 삼중 늘고 어려움도 커지겠지. 당장 비관하는 모습이 난 더 싫다. 아무튼 그럭저럭 메꾸면서 시진이 뒷바라지를 해야겠지. 얻은 것과 잃은 것을 생각하면서 과욕을 부리지 말아야겠다. 더 나아질 것은 없으니까.

♥ 엄마와 우리들은 아빠를 '간종선생(간장종지선생의 약자)'으로 부르곤 했다. 180센티미터에 기골이 장대하고 호탕하게 잘생긴 외모와는 반전으로 아빠는 성격이 소심하고 겁이 많았기 때문에 우리는 아빠를 그렇게 불렀다. 친할아버지는 아들의 이런 성격이 걱정되셨던지, 돌아가시기 전에 며느리인 엄마를 부르시곤 "살다가 어떤 문제에 부딪히면 웬만하면 남편에게 말하지 말고 며느리 네 선에서 해결해다오."라고 미안해하시며 친히 당부하셨다고 한다.

아빠는 동네나 회사를 들썩이게 할 정도로 '그레고리 팩'을 닮은 서구적인 외모의 소유자였다. 한번은 아빠 회사 직원이 엄마한테 아빠를 회사에서 '그레고리 이사님'으로 부른다고 알려줬다고 한다. 나도 예전 젊은 시절 아빠의 사진을 보고, 내가 영화에서 봤던 〈로마의 휴일〉에 나오는 '그레고리 펙'과의 싱크로율이 높아 깜짝 놀랐던 기억이 있다. 여담인데, 엄마는 '그레고리 펙' 닮은 신랑을 만나게 해달라며 배우자 기도를 열심히 했고 실제로 그 기도가 이뤄졌다고 하셨다. 다만, 화려한 외모 속에 감춰진 간장종지 같은 아빠의 소심한 성격을 파악하고 난 뒤, 농담 반 진담 반으로 "배우자의 성격에 대한 기도도 할 걸 그랬나? 얼굴만 그레고리 펙이네." 하시며 푸념하시곤 하셨다.

### 2008. 8. 16.

시랑이는 공무원 신분으로 유학길에 올라 오레곤에서 1년간 환경법 석사 과정을 무사히 끝내고 지금은 워싱턴 D.C.로 넘어가 인턴 생활을 하고 있다. 시랑이 보러 겸사겸사 여행길에 올랐다. 몸이 불편한 남편과 임용고시 삼수째 고생 중인 사랑이를 두고 가는 것 때문에 주저했는데, 사랑이가 선뜻 자기가 아빠를 돌보고 있을 테니 여행을 잘 다녀오라고 한다. 본인도 언니가 많이 보고 싶을 텐데, 함께 가지 못해 무척 아쉬웠다. 영어에 자신 없는 나를 위해 사랑이가 미국 입국 시 필요한 간단한 질문에 대한 답을 영어로 적고, 그 영어 문장 밑에 한국어로 영어 발음을 정리한 종이를 건네주었다. 세심한 아이.

막상 혼자 미국에 입국하려니 막 떨려왔다. 입국 심사관이 "얼마나 체류할 건가요?"라는 질문을 한 것 같아, "ten days(10일이요)."라고 대답해야 하는데, 긴장감에 그만 "ten years(10년이요)."라고 대답해 버렸다. 다행히 심사관은 한국인 아줌마의 실수였음을 알아차리고 관대하게 넘어가 주어서 무사히 입국 심사를 패스했다. 짐을 찾아 나가니, 그립던 시랑이가 머리를 틀어 올린 멋진 모습으로 마중 나와 주었다. 벤을 불러서 시랑이가 거주하는 스튜디오로 이동했다. 스튜디오는 아담했으나 부엌이 좁아 요리하기에는 불편했다. 첫날인 오늘은 여독이 있어서인지 그런대로 뒤척이며 잠을 청할 수 있었다. 꿈인가?

### *2008. 8. 17.*

   시랑이는 나의 여행 일정에 맞추어 휴가를 신청한 상태. 느긋하게 9시 30분쯤 기상하여 아, 기다리고 기다리던 브런치를 먹다. 사랑이가 그렇게나 먹고 싶다고 노래 부르던 외국에서 먹는 브런치! 지금 임용고시 때문에 힘든 시간을 보내고 있는 사랑이가 안쓰럽다. 꼭 좋은 날이 와서 더 좋게 즐기렴! 공기가 맑은 곳이라 노천에 앉아 여유롭게 대화를 즐기며 식사하는 사람들의 여유진 모습이 보기 좋고 부럽다. 메뉴야 커피와 크루아상이 전부지만 몸과 마음이 나른한 행복의 시간으로 날 인도한다. 더구나 사랑스럽고 자랑스런 딸과 함께하니. 식사 후 근처 쇼핑센터에서 쇼핑 시간을 즐기고 케네디 센터로 이동. 아~

이 여유로움. 하얀 테이블이 한 100개 정도 준비되어 있는데 글쎄 이곳에 우리 둘뿐이라니. 여긴 내 소유의 나만의 공간이라는 내가 평소 즐겨하던 상상의 세계 속으로 잠시 빠져든다. 시랑이와 대화도 나누고 그윽하게 이국의 하늘도 쳐다보며 책도 읽고 정말 참 휴식의 시간을 보냈다. 숙소로 돌아와 사랑이와 통화. 함께 왔으면 얼마나 좋았을까! 유난히도 언니를 따르고 좋아했는데….

> ♥ 엄마가 케네디 센터의 사진을 보여주면서 시랑이 언니와 둘만 있었던 그 시간의 행복함에 대해서 말씀하셨던 게 기억난다. 진정한 주인은 실제로 그곳을 소유한 부자 건물주가 아니라 그곳에서 진정한 행복함을 느끼는 사람이라며… 물질적인 소유욕이 강했던 당시의 나로서는 도저히 이해할 수 없었던 엄마의 철학 중 하나였다.

### *2008. 8. 18.~8. 21.*

나이아가라 여행. 꼼꼼히 시랑이가 알뜰하게 준비한 2박 3일. 그리고 뉴욕에 들러 하룻밤 자고 뮤지컬 〈라이온 킹〉 감상. 나는 철없이 들떴고 시랑이와 함께 하니 감격은 몇 배~ 운도 좋고 기회가 좋았던 시랑이가 2년 국비로 유학을 떠난 지 벌써 2년 차째. 평생 이런 기회는 다시 오지 않을 것 같아 어려운 여러 가지 사정을 묵과하고 방학을 이용해 용기 내어 여기로 왔던 것. 엄마 앞에서도 실수하기를 어려워하는 시랑이는 지하철역을 미리 익히고 이렇게 여행 스케줄을 계획했다. 콜택시로 버지니아 교민들이 많이 사는 고려당 제과 앞에서 다른 사람들과 만나 나이아가라 투어를 시작했다. 폭포와 광활한 풍경을 사진으로 남겼지만, 사진으로 담기엔 역부족이다. 대륙의 웅장함은 경이롭고 이젠 나른함까지 느껴진다. 나의 여행 스타일은 기록하고 관찰하는 것보다 마음을 푹 내려놓고 시간 가는 대로 풍경이 지나가는 대로 여유를 가지고 그냥 보는 것! 호텔에서의 조식 뷔페. 가득한 음식과 과일, 커피 향, 그냥 마음이 설렌다. 사랑이가 2001년도 캐나다 연수 때 나이아가라에 가서 그리도 감격했던 그 풍경들이구나. 시간대는 다르지만, 같은 공간에 대한 추억을 사랑이와 함께 공유할 수 있어서 더욱 소중한 시간이 되겠지. 여행을 마치고 뉴욕으로 돌아와 시내 구경. 뉴욕은 왜 이리 공사하는 곳들이 많은지… 영어를 잘 모르니 뮤지컬을 보면서도 완전히 공감할 수는 없지만 대충 흐름을 보다가 졸기도. 시랑이는 내게 추억을 남겨주고 싶었으리라. 뉴욕 호텔 메뉴가 궁금하여 1인당 20불을 내고 주문했는데, 오 마이 갓! 허여멀건한 베이컨에 토마토, 차디찬 빵 쪼가리. 주스, 커피, 우유 다 맛없다. 빵이라도 빠싹하게 구워줬다면 얼마나 좋았을까? 버스로 3시간 30분 정도 버스를 타고 다시 워싱턴으로 돌아왔다. 뉴욕에 대한 인상은 여러 가지로 불만투성이였지만 뉴욕 거리를 거닐었다는 추억 자체는 나에게는 선물. 사랑이가 뉴욕을 동경하며 나를 부러워할 때마다 "뉴욕, 별것 없어."라고 말할 거야.

### *2008. 8. 22.*

간단한 미니 햄버거를 만들어서 백악관 구경. 생각보다 작아서 놀람. 개인들이 피켓을 들고 시위하는 모습이 민주주의 선구자처럼 보였다. 사진도 찍고 보타닉 가든에서 한가롭게 즐겼다. 국회의사당도 들르고 저녁에 오레곤에서 시랑이의 룸메이트였던 우즈베크 친구를 만나 저녁을 먹기로 해서 근처 스타벅스에서 기다리며 사람 구경을 했는데 정말 이들은 실용적이라는 것. 한국 아가씨들은 대체로 다리가 길어 보이려고 높은 하이힐을 신고 고통을 감수하는데 여기는 대부분 쪼리라는 슬리퍼(시랑이도 신고 있는)를 하나같이 신고 다닌다. 패션에는 상관없이. 약속한 시간에 친구가 왔는데 러시아 계통인 듯. 그 나라에서는 앞으로 잘나갈 인재겠지. 우즈베크 전통 샐러드와 생선 요리를 해주었는데, 솔직히 우리 사랑이가 해준 게 훨~씬 맛있다. 제법 영어로 친구와 대화하는 시랑이를 보며 흐뭇! 웬만하면 내 앞에서 영어를 쓰지 않는 딸인데. 어쩌다 보니 나의 자식 세 명이 모두 영어권이네. 시진이야말로 예기치 않은 현실로 미국에 간 것이지만.

♥ 시진이는 삼 남매 중 막내로 장남인 아빠의 장손으로 태어났다. 언니와 나, 연속으로 딸을 낳은 맏며느리였던 엄마는 시어머니(친할머니)로부터 아들을 낳으라는 압박을 받은 끝에 드디어 셋째로 아들인 시진이를 출산하셨다. 그렇게 시진이의 탄생은 엄마에게 고마움 그 자체였다. 하지만 정작 장손인 시진이는 자신에게 집중된 관심과 기대에 힘들어했고 (특히 권위적이었던 아빠로부터 위축감을 느꼈다고 한다) 결국 탈출구로 한국을 떠나 미국에서 생활하게 되었다. 엄마는 힘들어하던 시진이가 씩씩하게 세상을 향해 우뚝 서는 그날을 위해 묵묵히 뒷바라지를 해주셨다.

### 2008. 8. 23.

너무 좋았던 케네디 센터를 다시 가기로 했다. 느긋하게 독서와 가벼운 졸음, 명상과 대화 나눔. 포토백 강변을 거닐면서 사진도 찍고 여유로운 이곳의 느낌을 가슴 가득 느껴본다. 점심에는 강변에 있는 레스토랑에서 햄버거 정식을 먹었는데, 원두를 아직 즐기지는 않지만, 이 맛에 사람들이 커피 맛이 어쩌고저쩌고 하는구나 할 정도로 커피 맛이 좋았다. 물론, "More!"를 외치며 또 리필을 받아 마셨지. 식사 후 조지타운 거리를 산책하고 쇼핑센터도 들르고 숙소로 돌아와 시랑이에게 수제비를 요리해 주었다. 맛있게 먹는 시랑이를 보며 더 맛있

는 요리를 해주고 싶은 이 순간에도 흘러가는 시간이 아쉬울 뿐. '아, 왜 이리 시간이 빨리 가나.'

### *2008. 8. 24.*

마트에 가서 이거저거 재료를 사다가 어설프나마 시랑이에게 매운탕을 끓여 주었다. 뼈가 없고 살만 있는 도미와 야채 등을 사서 요리했는데 그런대로 생선 매운탕 냄새가 솔솔~ 시랑이가 어찌나 맛있게 먹는지. 내일이면 엄마가 한국으로 돌아간다고 시랑이가 애잔하게 '엄마' 하고 부른다. 애써 아무렇지 않은 척. 하지만 시랑이는 지금 자랑스런 유학 생활 중임을 자꾸 상기시키며 마음을 달래본다.

### *2008. 8. 25.*

워싱턴 D.C. 공항으로~ 입국 수속 마치고 작별 인사. 그래, 1년은 빨리 지나갈 거야. 당분간은 허전하고 쓸쓸하겠지만. 병원에 있는 남편도 그만한 것을 다행으로 생각하고, 사랑이도 임용고시 시험에 꼭 합격해서 시랑이가 귀국하는 날 함께 자랑스럽게 만날 수 있기를 간절히 기도하자. 시랑이도 내가 부탁한 기도 노트 꼭 쓰길. 애잔한 모습을 보며 참 이별은 힘들고 싫다고 느낀다. 비행기 탑승 시간을 기다리면서 사랑이 트레이닝복하고 미국을 상징하는 기념품과 에코 가방 등을 샀다. 평생의 추억으로 간직하게 된 시랑이와의 미국 체류기…. 그립고 또 그리워지겠지.

### *2008. 9. 22.*

힘든 가운데 여러 일을 겪으면서 그 속에서 평안을 얻고. 인생에는 공짜는 없다. 뒷산 둘레길에 올라 미니 등나무 의자에 앉아 보이는 산 풍경을 보며 나름 행복한 시간이었지…. 소망은 자꾸 바뀌는 것. 남편의 쾌유, 사랑이의 합격, 시진이의 자립, 시랑이의 결혼!

# 2010년

## 2010. 9. 8.

때론 지나간 시간들이 한순간처럼 느껴지는 세월의 무상함을 짙게 느끼곤 한다. 요즘 불거진 특채에 관한 뉴스. 우리 두 딸은 제 아빠 말대로 스스로 어려운 '고시' - 사법고시와 임용고시에 합격해 자립한 사실에 새록새록 대견해지곤 한다. 아직 좋은 배우자들은 못 만났지만 때가 되면 만나게 되리라는 하늘의 뜻에 순종하기로 했다. 그래도 매일매일 감사함을 느끼며 사는 '긍정의 힘'을 물려 주신 부모님께 그리고 '신'께 감사드린다. 시간이 나는 대로 사랑이와 뒷산 둘레길을 걸으며 건강을 챙기며. 그래, 순간순간 열심히 사는 거야!

## 2010. 9. 9.

'주**'가 〈무릎팍 도사〉에 나왔다. 사랑이 퇴근을 기다리느라 아니, 사실은 주**가 또 보고 싶기도 해서 잠을 참으며 시청했다. 연예인을 이렇게 좋아해 본 적은 없다. 그가 처음이다. 그는 막연한 꿈같이 내가 구상하고 있는 소설 속의 주인공으로 낙점되었다. 그 이후로는 정말 팬심이 가고 좋아진다. 그렇다고 뭐 어떻게 해 본다는 건 막연하지만. 그는 완전한 나의 이야기 속의 주인공이며 또 설렘을 주는 존재다. 나는 상상 속에서 영화도 만들었다가 연속극도 만들었다. 그는 꼭 주인공이어야만 한다. 글쎄, 그 이야기가 실현될는지. 특히 눈빛이 일품인 그! 아이들도 이런 나를 동조도 하며 놀리기도 하지만.

### *2010. 9. 16.*

오늘도 주**가 나오는 〈무릎팍 도사〉 2편도 시청하느라 새벽 1시에 잤다. 자신을 반성하며 눈물 흘릴 때 그간의 고뇌와 자책… 그렇게 그가 건방졌었나? 난 드라마 〈패션 70s〉 이후로 그의 팬이 됐으니까. 그의 눈빛에 매료되었으니까. 그리도 외롭고 쓸쓸했을 때 그와 대화라도 나누고 따뜻한 밥이라도 사주었다면… 이것은 어디까지나 운명적인 일. 호화 속의 빈곤 어쩌면 그가 외롭다는 것은 진심일 수도. 우리 딸들을 보면. '외로워 외로워' 노래를 부르는 사랑이. 요즘은 언니와 방콕 여행 계획에 들떠 있다. 그나마 이렇게라도 즐거움이 있기를. 멋진 남자가 나타나 나의 외로움을 달래준다는 환상 - 그것은 정말 환상일 뿐이다.

### *2010. 9. 18.*

순간이 지나면 추억이 되고 한 편의 영상만 남기니. 요즘은 그런 생각들이 스치니. 그래서 작가 이광수는 인생은 '꿈'이라 했나? 요즘 들어 '곱네요.'라는 소리를 많이 듣는다. 3년 전 제자들이 잠깐 들러서 '선생님, 참 고우세요.' 한다. 곱게 나이 먹음에 뿌듯! 솔직히 생긴 것에 비해 찬사(?)를 많이 들었다. 오죽하면, '경국지색'이라는 어마어마한 단어까지. 어떤 교장은 젊었을 때 '미스코리아' 아니었냐며… 에이, 너무하셨지. 이런 얘기를 해주면 사랑이는 이내 "이렇게 작은 미스코리아도 있나?"며 핀잔을 준다. 엄마의 기를 좀 죽일 필요가 있대나? '참 고우세요'라는 소리를 잃지 않도록, 곱게 살아야지.

### *2010. 9. 29.*

멀게만 느껴졌던 일본 여행도 지나고 이렇게 추억 속에 잠겨 펜을 든다. 큰언니의 '여행 선물.' 다다미 이불도 좋았고 나고야 고층 호텔 온천탕에서의 야경 또한 일품. 언니들 틈에서 때아닌 영계가 되어서 '소녀' 같다는 과분한 찬사 같은 빈말까지 들었다.

### *2010. 10. 1.*

10월의 문이 열렸다. 시간의 흐름이 이리도 빨리 느껴짐은 나만의 감정이 아닐진대. 여고 시절~ 우리 나이 때는 다 이쁘다며 마음은 늙지 않으니 젊게 살아야 한다던 선생님의 말씀! 감정은 더 풍부해지고. 어제 〈놀러와〉에서 세시봉의 주역들 〈조영남, 송창식, 윤형주, 김세환〉의 아름다운 선율을 들으며 가슴 저쪽에서 올라오는 아련함은 차라리 슬픔처럼 이슬이 맺혀온다. 아, 나의 20대, 아니 10대! 먹고살기에 바쁘셨던 부모님 대신 선생님들의 사랑을 듬뿍 받았다. 돌이켜보면 나는 그 시절 여드름투성이로 외모적으론 전혀 이쁘지 않았을 텐데. 지금은 다들 돌아가셨을 것 같다. 나의 10대 시절을 풍요롭게 만들어주신 은사님들께 감사하다. 부디 천국에 가셔서 편안하시길.

### 2010. 10. 2.

쉬운 일이 없음을 살아가면서 느껴본다. 체중 조절, 경제력, 건강, 아이들의 미래. 그렇다고 미리 걱정만 할 수는 없고. 그래, 현인들이 그랬지. 미리 걱정하지 말고 순리대로 감사하며 사는 것! 그것이 행복이요, 긍정적 마인드가 지름길이라고. 다행히 엄마한테 물려받은 유전자 덕분인지 매사에 넘 긍정적이니까 지금껏 곱게(?) 나이 먹었는지 모른다. 맘속에서는 20대도 되고, 소녀도 되고, 사랑을 꿈꿀 수도 있으니 이 아니 행복한가? 시랑, 사랑이 좋은 배필 만나는 것. 시진이의 자립과 역시 좋은 배필 만나는 것! 어미라 어쩔 수 없이 자식 생각으로만 꽉 차 있음을 부정할 수 없다.


### 2010. 10. 3.

난 여행 체질인지, 1. 잘 먹는다 2. 잘 배설한다 3. 그런대로 잘 잔다 4. 멀미 안 한다… 아쉬움은 돈의 부족? 여행도 중독인지 또 가고 싶다.

〈가고 싶은 곳〉
5개국 도시 또는 크루즈 (사랑이도 열망하는)
북유럽, 동유럽, 서유럽
미동부, 옐로스톤

뭐니 뭐니 해도 딸들과의 여행이 최고! 어딜 가든지.
사랑이의 원대로 시랑이가 10. 23. 스위스 제네바 국제회의에 참석하러 출국하기로.

♥ 시랑이 언니는 스위스 출장을 앞두고 갑자기 복통을 호소하며 응급실로 실려 갔는데 알고 보니 맹장이 터진 것이다. 출장 가서 터졌다면 어떻게 되었을까? 아찔하다. 감사하다. 언니의 수술 회복이 빨라 다행히 계획대로 출장에 갈 수 있었다. 이 또한 감사한 일이다. 일어나게 될 일은 일어나는 법이다. 모든 것은 하늘이 계획하신 대로.

### *2010. 10. 5.*

주왕산 도보여행을 갈 수 있으려나? 큰언니 내외, 숙정 언니 내외가 참가하신다고 한다. 시랑이는 허리도 아프고 앞으로 '스위스' 출장도 앞두고 있어 몸보신 차원으로 가지 않는 것으로 양보. 사랑이는 계속 감기로 골골 중. 직장 여성의 피곤함을 톡톡히 겪고 있다. 건강해야 할 텐데.

### *2010. 10. 25.*

시랑이는 23일 스위스 (국제 세미나 참가차) 떠났고 사랑이랑 브런치 카페에 가서 브런치 타임. 난 이런 시간을 행복하게 느낀다. 시진이와의 전화 통화 중 "성공을 해야 행복한 게 아니다. 행복을 느끼는 것이 성공"이라는 말을 들었다. 믿음직스러운 녀석. 자신의 때를 기다리며 기본 철학을 갖고 있어 시진이와 얘기 나누다 보면 공감대를 느낀다. 이렇게 순간순간 행복하면 된 거지. 제네바에 무사히 도착했다는 시랑이의 전화를 받고 안도.

### *2010. 11. 6.*

활동을 하는 아이들, 학습 놀이 하는 아이들. 모처럼 자유롭게 그들을 보고 있자니 다 나름 할 일을 하고 움직이는 게 보인다. 그런데 그것이 소음이 되어 신경이 곤두서고 아이들에게 조용함을 요구할 때가 있다. 어쩜 아이들이 왁자지껄 떠드는 것이 정상인 건데. 그래도 주의를 주면 금새 조용해지는데 (그것도 1분도 유지 안 되지만), 풋내기 교사 사랑이는 얼마나 힘들까? 생각해 본다. 퇴근길에 '앙드레 가뇽'의 선율을 들으며 운전하니 갑자기 학창 시절의 추억이 소환된다. 보잘 것없는 (이것은 겸손이 아님) 날 사랑해 주시던 분들. 그것은 내 마음의 보석과 같은 추억이다. 행복한 추억이다. 그것들이 날 행복하게 해 주고 보듬어 준다. 짧은 화살기도지만 은사님들의 영혼을 위해 기도 드린다.

### *2010. 11. 8.*

어쩜 정확한 과거, 현재, 미래는 존재할 수 없다. 그것은 고리가 되어 함께 움직인다. 그 찰나의 순간을 어떻게 구분하나? 지금도 과거→현재→미래가 함께 공유한다. 크게 묶어 오랜 지난날을 과거라 하고 요즈음은 현재라 하고 앞날을 미래라 할 뿐.

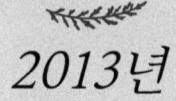

*2013년*

♥ 2013년 엄마의 수첩을 넘겨보니, 지출 기록과 각종 반찬의 조리법들이 빼곡하고, 간간이 부동산 정보가 적혀 있다. 한국에서 뻔한 월급 가지고는 생활을 유지하기 빠듯하고 역시 돈을 벌기에는 부동산만 한 게 없다더니, 엄마도 미국서 유학 중인 아들 걱정에 한 푼이라도 보탬이 되고 싶으셨던지 나름의 부동산을 통한 재테크를 하고 싶으셨던가 보다. 아빠 대신 가장의 무게를 견디며 아등바등 고민하셨던 엄마의 모습이 상상이 가서 괜히 짠한 마음이 들었다

## *2013. 3. 3.*

♥ 수첩의 중간에 엄마의 최애 노래 중 하나였던 '향수' 가사를 출력해서 붙여 놓은 게 눈에 띈다. 한때 성악가를 꿈꿨을 만큼 엄마의 노래 실력은 출중하셨는데, 내가 듣기에도 조수미 뺨치는 정도로 높은 소프라노 음역을 소화할 정도였다. 엄마는 주로 운전하면서 노래 연습을 하셨는데, 이때마다 꼭 불렀던 노래가 바로 '향수'였다. 원곡이 듀엣곡이었던 만큼 엄마는 종종 내게 듀엣을 해주기를 바라셨다. 원래 남자 곡인 데다가 노래 중간 '전설 바다에 춤추는~' 부분부터 가파르게 높아지는 음역 때문에 내가 노래하기에는 상당히 버거웠다.

고음의 절정에 다다르면 '켁켁'거리며 중도에 멈췄던 것이 나만의 흑역사로 남아 있다. 지금 다시 가사를 음미해 보니 가사에 나오는 얼룩빼기 황소가 마치 엄마처럼 느껴진다. 실제 소띠인 엄마는 맏며느리로, 맞벌이로 아빠와 경제를 책임지는 공동 가장으로, 세 자녀의 어머니로 많은 역할을 바지런히 해내는 소 같은 분이었다. "너는 소띠인 데다가 하필 태어난 시도 소가 쉬는 밤이 아니라 한창 일하는 낮 시간대에 태어나서 일복을 타고났는가 보다."라고 외할머니가 엄마한테 말씀하셨다고 한다. 말이 일복이지, 누가 남들보다 일을 많이 하고 싶으랴. 지금에 와서 생각하면 남들보다 몇 배로 많은 책임을 지고 일을 해 내왔던 엄마는 그러느라고 남들보다 더 일찍 지쳐 버린 늙은 황소가 된 것은 아니었나 싶다.

엄마가 그리도 많이 노래 불렀던 '향수' 가사에 나오는 실개천이 휘돌아 나가는 그런 곳에서 이젠 편히 쉬셨으면 한다. 소처럼 열심히 살다 가신 엄마를 기리기 위해서 엄마의 침대맡에 이중섭 화가가 그린 〈황소〉 그림을 두었다. 엄마가 항상 말씀하셨던 '총질량의 법칙.' 누구보다 열정적인 삶을 살아가셨던 엄마는 당신께 허락된 에너지의 총질량을 다 소진하고 가셨나 보다.

## 2013. 7~8 미국 동부 여행

　엠파이어스테이트 빌딩에서 국제 미아 될 뻔! 화장실 가는 길이 구불구불하고 다시 왔던 곳으로 돌아갈 수 없는 one way로 구조로 밖에서 기다리는 사랑이가 있는 곳으로 갈 수 없어서 당황했다. 하필 로밍도 잘못되어서 사랑이랑 통화도 안 되고. 안절부절 에스컬레이터를 오르락내리락했더니 직원이 와서는 저쪽으로 내려가라고 한다. 이러다가 정말 큰일이다 싶던 찰나, 기적적으로 여행 일행이 눈에 띄었다. 허겁지겁 전화기를 빌려 통화를 했더니 사랑이는 속사포처럼 자신의 화를 쏟아냈다. 그만큼 걱정이 컸겠지만 그래도 '엄마, 괜찮아?'라고 걱정부터 해줬으면 좋았으련만. 다시 재회한 사랑이와의 어색함은 한동안 지속되었다.

엠파이어 빌딩에서의 뉴욕 전경

♥ 시진이를 보러 서부에 머물다가 한국으로 들어가기 전 미국 동부 패키지 여행을 가기로 했다. 자유여행 때는 괜찮았는데 엄마가 아무래도 패키지 여행하는 동안 시간에 대한 강박이 드셨는지 자주 화장실에 들르셨다. 엠파이어스테이트 빌딩에 가서는 귀찮은 생각에 딱 한 번 엄마 혼자 보냈는데 하필 사단이 난 것이다.

화장실이 one way 구조로 되어 있다는 것을 나중에야 알 수 있었고 한참 동안 기다린 엄마가 돌아오지 않고 거의 마지막으로 내려온 가이드가 왜 아직도 여기에 있냐는 이야기를 건네자, 갑자기 뭔가 크게 잘못됐다는 것을 직감할 수 있었다.

엄마한테 허겁지겁 전화하니 로밍 연결이 안 되는 것이다. 심장이 터질 듯이 뛰기 시작했고 얼마 전 읽었던 신경숙의 '엄마를 부탁해'의 한 장면이 떠올랐다. 영어도 잘 못하는 엄마를 뉴욕 한복판에서 잃어버리는 것은 아닌가! 화장실 밖을 따라가니 에스컬레이터가 나왔는데 거기 직원한테 혹시 빨간 바지를 입은 아시아계 중년 여성을 봤냐고 물어보니, up and down을 반복하길래 내려가라고 했다고 한다. 이제 에스컬레이터 아래로 내려가면 엄마가 있겠거니 안심하고, 고맙다고 직원에게 인사를 한 뒤, 에스컬레이터를 내려갔다. 아뿔싸! 건물 밖으로 나갈 수 있는 출입문이 과장 보태서 몇십 개다. 엄마는 어떤 문으로 나간 걸까?

아, 어떡하지? 경찰에 신고해야 하나? 직감적으로 한 출입구로 나

가서 나는 "엄마!"를 외치며 냅다 달리기 시작했다. 그러다 전화가 울려서 받으니, 애타게 기다리던 엄마의 목소리다. 울음이 터져버린 나는 엄마에게 어디에 있었냐며 고래고래 소리를 질렀다. 엄마와 재회하고 나서도 나의 울분은 쉽게 가시지 않았다. 보다 못한 여행객이 "이제 그만해요. 엄마도 얼마나 걱정하셨겠어요?"라며 나를 만류했다. 지금도 그 순간을 생각하면 아찔하다. 하지만 그때 엄마에게 화내는 대신 엄마를 먼저 보듬어 드리지 못했던 나 자신에 대한 후회가 크다. 만약 그 순간이 다시 온다면 걱정이라는 포장으로 화를 내는 대신 불안과 걱정으로 괴로웠을 엄마를 안아드리고 싶다. 엄마, 미안해.

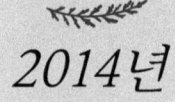
*2014년*

## 2014. 11. 1.~11. 2.

〈사려니 숲길〉

Day 1, 사랑이가 모는 '세라'(쎄라토)를 타고 김포공항에 도착, 수속을 마치고 공항에서 간단히 조식 해결. 50분간의 비행 끝에 제주 공항에 도착하고 사랑이가 몰고 싶다던 벨로스타를 렌트. 새 시스템이라 조작하는 데 사랑이가 약간 당황하더니 내비게이션에 '사려니 숲길'을 치고 기분 좋게 드라이브 시작. 보슬비가 약간 뿌렸으나 전에 왔던 첫 번째 숲길 여행보다 날씨가 좋다. 왕복 2시간 코스로 걷기 시작 – 쭉쭉 뻗은 편백나무 길이 멋짐. 메마르긴 했으나 자세히 보니 사랑이가 좋아하는 수국 길 – 내년에 다시 수국이 핀 모습을 보러 꼭 오리라 다짐. 곳곳에서 사진 찍고 나서 갈치조림 먹으러 식당으로 감. 조림이 약간 짜다고 느꼈는데, 그때 사랑이가 "엄마 조림이 훨씬 더 맛있어."라고 해서 기분이 좋다.

식사 후, 정방 폭포가 멀리 보이는 카페에서 시원한 라테를 마시며 뷰 감상.

까멜리아 힐에 가서 핑크, 주홍, 하얀 다양한 색상의 동백꽃 감상. 동백꽃들이 흐드러지게 아치를 이루고 바람에 꽃잎이 날려 꽃길을 이루고 향은 어찌나 그윽한지! 처음으로 제주 여행에 황홀하고 흡족. 실컷 동백꽃에 취하고 있던 중, 딸들이 검색한 우동으로 유명한 P 호텔로 이동. 교통편이 자유로우니 이것저것 이벤트가 가능하니 좋다. 사랑은 연신 흥분하며 이렇게 멋진 드라이브 길이 있었냐며 룰루랄라~ 검은 돌담에 풍성한 주황색 밀감밭은 한 폭의 그림이다. 차를 세우고 '찰칵, 찰칵!!!' 새우튀김이 올려져 있는 우동이 한 그릇에 19,000원. 와! 호텔에서 먹는 우동이라 가격이 비싸다. 아이들 말대로 한 번쯤 맛본다는 데 의미. 면은 쫄깃했으나 나중에 튀김 새우가 불어 버려서 처음엔 개운했던 국물이 느끼해졌다.

드디어 숙박을 하게 될 S 호텔로. 작년에 시랑이랑 '7 올레길' 걸을 때 눈썰미 좋은 공주가 점찍어 둔 호텔이다. 진입로가 좁아 잠깐 사랑이가 당황. 주차를 마치고 보니 어머나! 바로 바닷가 앞에 3층의 아담한 호텔 건물. 앞에는 수영장 물이 찰랑찰랑. 물론 지금은 수영을 못하는 날씨이지만 내년 여름을 상상하니 즐겁다. 오는 길에 5,000원 주고 한 보따리 사 온 귤을 까먹으며 휴식. 보조 침대도 넓고, 우선 베개가 맘에 든다. 베개에 까다로운데 안성맞춤. 딸들과 차례대로 샤워. 난 모처럼 욕조에 물을 듬뿍 받아서 몸을 담갔다. 그런데 5분도 채 안 되어 나른하고 지쳐버려서 다시 나왔다. 난 사우나 체질이 아닌가 보다. 녹작지근해서 뒹굴뒹굴하다 잠들었나 보다. 자다 깨니 사랑이가 코를 곤다. 아이들 말에 의하면 나 역시 코를 골았다는.

Day2, 다음 날, '올레길 7' 입구인 외돌개 도착. 주위 전경에 탄성을 지르며. 사랑이는 자기가 만든 새로운 단어 '외국지다'란 말 연발. 이 공주는 멋진 경치를 보면 외국에 온 것 같다는 최고의 찬사를 할 때 이 말을 쓴다. 그러면 나는 사대주의란 뜻으로 "빅 컨츄리즘"이란 엉터리 영어로 응수한다. 어쨌든 경치 한번 기가 막히다. 둘레길 입구를 걷다 벤치에 앉아 바다를 보며 앙드레 가뇽과 김동률의 〈출발〉 음악 감상. 공항으로 올라가는 길에 망고 아이스크림으로 유명하다는 가게를 검색해서 망고 빙수를 시켜 먹었다. 작년 '꽃보다 할배'에서 갔었던 대만 편을 보고 딸내미들과 대만 여행을 가서 시켜 먹었던 망고 빙수 맛이 생각이 나서 망고 빙수란 이름만 들어도 흥분. 앗, 근데 이 맛도 저 맛도 아닌. 우리 입맛이 너무 고급진 걸까? 왜 대만처럼 맛나게 못 만들까? 24,000원이나 하는데. 아쉬움을 남기며 아듀~ 제주도!

사랑이 운전하느라 수고, 물주 시랑이도. 너희들이 내 품을 떠날 때까지 이렇게 즐거운 시간, 그리고 추억 남기자!

까페에서 바라본 정방폭포

7 올레길 - 외돌개

♥ 미각 또한 추억을 소환하는 강력한 장치인 것 같다. 요리 솜씨가 출중하셨던 엄마의 요리 중에 내가 좋아하는 〈베스트 3〉는 1.갈비찜, 2. 갈치조림, 3. 비빔국수였다. 엄마의 레시피가 사라지는 게 슬퍼서 어깨너머로 배운 엄마의 레시피를 기억을 더듬어 기록해 두었다. 엄마들의 계량은 손대중인 게 함정이라 그대로 재현하는 것은 불가능할 테지만. 얼마 전 갈비찜이랑 갈치조림을 만들어 봤는데, 제법 엄마가 한 거랑 비슷한 맛이 나는 것 같아서 기분이 좋았다. 한 입 먹는 순간, 엄마와의 제주도 여행 때의 추억 속으로...

자카란다가 흐드러진 보랏빛 계절이 올 때면

### *2014. 11. 4.*

　나는 수업이 없는 날. 2주 전에 특근했던 시랑이는 오늘 연가다. 시랑이랑 외출 준비를 하고 풀잎채 뷔페에 가서 점심 먹고 S대 역 롯데 시네마에 가서 반고흐 영화를 보다. 화면 가득했던 명화를 감상해서 좋았지만, 천재의 광기가 안타까웠다. 왜 천재들은 사후에 빛을 볼까? 영화 관람 후, 쇼핑몰에 있는 대만과 제휴했다던 망고 빙수 사서 먹다. 제주도에서 먹었던 것보다 맛있었는데, 대만의 망고 빙수에 비하자면 한 80% 정도 접근한 정도? 지름신이 내린 나와 시랑이는 세일하는 옷들을 폭풍 쇼핑하고 집으로 귀가. 퇴근한 사랑이 왈, "뭐야, 둘이서만."

　♥ 주변에서 패션 리더라는 얘기를 자주 들었을 정도로 엄마는 옷에 대한 애정이 남다르셨다. 옷에 대한 사랑 혹은 집착은 큰이모나, 딸들인 언니나 나도 마찬가지지만. 엄마의 유품을 정리하자니 엄마의 다양한 옷들로 옷장이 한가득이었다. 거의 입지 않은 새 옷들도 꽤 있고… 엄마의 옷 주머니마다 이쑤시개가 들어 있어서 잠시 추억이 떠올랐다. 식사 후 엄마의 통과의례 중 하나는 엄마가 애정하는 일제 이쑤시개로 치아 정돈?을 하는 것이었다. 그런 엄마를 놀릴 때면," 너희도 나이 들어봐라. 이 사이에 뭐가 자꾸 낀다."라고 핀잔을 주셨더랬다. 그런데 요즘 내가 엄마가 하던 그 행동을 똑같이 하고 있어 흠

> 칫 놀랄 때가 있다.
>
> 엄마가 그런 나를 본다면, "봐라, 너도 나이 드니, 나처럼 이를 쑤시게 되지?"라며 말씀하셨겠지?

## 2014. 11. 5.

〈은희경 작〉 중편 소설, 〈광기의 역사〉 - 여고생들을 그렇게 혹독하게 다룰 수 있나? 실화인 듯 실화 아닌 실화 같은 것. 생각해 보니 나도 쓸 내용이 무궁무진하네. 무늬만 소설가 지망생, 언제 쓸겨? 응?

> ♥ 검색해 보니 이 소설을 쓴 작가는 은희경이 아닌 공지영이다. 엄마는 가끔 이렇게 잘못된 정보나 틀린 단어, 이름을 말하는 경우가 종종 있었다. 그럴 때마다 나는 정색하고 왜 틀린 걸 말하냐며 정정해 주곤 했는데. 엄마는 "너도 한번 늙어 봐라. 생각한 것과 다른 말이 나올 때가 많아. 나이가 들면."이라며 섭섭해하시곤 했다. 그러면서 엄마가 내 나이였을 무렵 외할머니가 똑같이 그러셨다고 했다. 외할머니는 간호사인 막내 이모 직장인 '메디컬 센터'를 '머리칼 센터'라고 부르셨단다. 그럴 때마다 엄마는 내가 엄마한테 했듯이 똑같이 외할머니를

지적하며 정정했고, 또 그럴 때마다 외할머니는 섭섭해하시며, "너도 늙어 봐라."라고 하셨단다. 근데, 요즘 내가 그런다. 말하고픈 단어가 잘 떠오르지 않고 입가에 맴돌기만 하고. 틀린 단어가 막 튀어나오고. 이제 엄마가 점점 이해되기 시작했는데, "엄마, 나도 엄마처럼 그렇네."라고 말할 엄마가 이젠 내 옆에 없다.

### *2014. 11. 7.*

채널을 돌리다 〈구봉서, 배삼룡, 서영춘, 이기동〉이 나오는 '대찬인생'이란 프로그램을 보았다. 한때 잘나가던 사람들이었으나, 그들의 인생의 말로는 제각각이다. 참 마음을 다스리며 삶을 영위한다는 것이 쉽고도 어려운 일!

부모님으로부터 물려받은(특히 엄마로부터) 긍정, 배려 덕분에 감사함을 느끼면서 물욕에 빠지지 않아서 감사. 내가 밟는 곳이 내 땅, 내가 숨 쉬는 곳이 나의 쉼터. 보기만 하다 평생 쓰지도 못한 이들도 있지. 언제나 중용이 중요하다. 선지자들의 가르침이 새록새록. 이 아름다운 단풍을 보며 맑은 공기를 마시며 다시 한번 감사함을 느껴 본다.

## 2014. 11. 8.

그이와 어머님 병원행. 중간에 작은아빠 안부 전화. 어머니는 살이 좀 오르신 듯. 젤리와 양갱을 사오라 하셔서 침대 위에 갖다 놓았다. 갑자기 어머니한테 빌려드린 비취 반지(추억이 깃든) 생각이 나서 동서에게 확인했다. 아직 오리무중. 그 반지만큼은 꼭 되돌려 받아야 하는데. 참아야 해. 결국 내 것이니까.

동서 왈, 어머니가 나에게 금시계를 줬다고 했단다. 그런 일이 없는데. 노인이라 오락가락하시나 보다.

♥ 나중에 친할머니가 돌아가시고 유품을 살펴보았음에도 결국 비취 반지는 찾지 못했다. 분실했거나 아니면 누군가의 손에 들어갔겠지. 평소 보석류에 관심이 없으셨던 엄마가 뭔가를 두고 아까워하시는 모습을 처음 보았다. 아무래도 자신의 추억과 관련된 유의미한 물품이었으리라. 이렇게 안타까워하셨다는 것을 미리 알았더라면 새 비취 반지를 사드렸으면 좋았을 것을 하는 뒤늦은 후회가 든다.

*2014. 11. 9.*

<1층 할아버지가 따주신 대봉감>

아랫집 노인이 감을 따기 시작하여 이젠 감나무가 헤싱헤싱해졌으나 아직 나름의 운치가 있다. 울집 꿈의 정원 - 미니 테라스. 집주인 취향에 맞게.

♥ 2층의 베란다 밖에는 울창한 감나무가 보인다. 사실 이 집으로 이사 오게 된 가장 큰 이유이기도 했다. 예전 밴쿠버에 영어 연수를 갔었는데, 그때 아파트 2층에 렌트해 살았다. 그 아파트 베란다 앞에 아름드리나무가 있던 것이 너무 좋았던 추억이 남아 있었다. 이 집을 보는 순간, 그때의 추억이 새록새록 떠올랐고 엄마한테 이 집으로 이사 오자며 내가 강력하게 졸랐다.

또 감나무가 감싸고 있으니, 예전 13층에 살 때 강풍이 불 때마다 창문이 흔들려 깨질 것 같은 공포감도 사라지고 아늑한 느낌이다. 옆에는 호암산의 전경이 보여서 집 앞 나무들이 변하는 모습을 보며 계절의 변화를 느낄 수 있었다. 감나무는 1층에 사시는 할아버지께서 직접 심으셨다고 하는데, 사실 1층에서는 나무 밑동만 보일 뿐 감나무의 경치는 오롯이 우리 집에서 즐길 수 있다.

## 2014. 12. 2.

 오늘은 수업이 없는 날. 큰언니와 점심 약속이 있어 언니를 기다리고 있는데 시어머니가 계시는 요양 병원에서 시어머니 상태가 안 좋다고 전화가 와서 시동생한테 전화하려는데 잠시 후, 시어머니가 운명하셨다는 소식을 듣게 되었다. 생각지도 않았는데 갑작스러운 소식! 94세의 연세로 그래도 주무시다가 편히 가셨다고 하여 마음을 달래보다. 병원 영안실. 동서의 뜻대로 기독교식으로 장례를 치르고, 뒤로 물러서서 참관하기로. 남편이 몸이 불편하다 하여 그 핑계로 9시쯤 아이들과 함께 집으로 돌아와 샤워하고 누웠다. 오늘은 영 잠이 안 온다. 멍….

♥ 엄마가 잠을 못 이루고 밤을 지새우셨다는 부분에 공감이 간다. 그도 그럴 것이 엄마는 맏며느리로서 37여 년 동안 시어머니를 모시고 살았다. 호랑이 같은 성정을 가진 시어머니의 손에 아이들을 볼모로 맡기고 엄마는 맞벌이로 직장 생활을 해야 했다.
 엄마가 시어머니 심기 관리를 위해 용돈도 드리고 영양 주사도 맞혀 드리고 여러모로 힘쓰셨던 기억이 난다. 그러다 2007년 아빠가 쓰러지고 난 뒤, 엄마는 시어머니와 남편 둘 다 돌보는 데 너무 힘들어 하셨고, 작은아빠네와 상의한 끝에 역할을 분담하여 할머니를 모시는 것으로 했다. 6여 년 동안 양쪽 집을 오가던 할머니는 돌아가시기 전 1년 동안은 요양 병원에 계셨다. 주사 맞는 것을 좋아하셨던 할머니는 병원에서 주사도 놔주고 침도 놔주고 하니까, 병원 생활에 잘 적응해 가시는 것 같이 보였다.

마지막으로 할머니를 찾아뵈었을 때도 할머니는 너무 건강해 보이셨다. 할머니는 내게 애인 생겼냐며 물어보셔서 나는 없다고 대답했는데, 할머니는 특유의 강한 말투로 "병~신!"이라고 내게 말씀하셨다. 손주들 결혼하는 것까지는 보고 죽을 거라고 버릇처럼 말씀하셨던 할머니에겐 여전히 애인 없는 손녀가 못나 보였을 수도. 할머니가 돌아가시기 일주일 전 주말은 너무 추웠다. 그 핑계로 원래 병원에 찾아뵐 예정이었으나, 다음 주에 가자며 아무렇지도 않게 일정을 미루었었다. 그 주중에 할머니가 돌아가셨다는 소식을 전해 들었으니, 결국 할머니의 마지막을 보지 못하게 된 것이다. 만약 원래대로 병원에 갔다면 할머니께 좀 덜 죄송했을까? 결국 내가 할머니한테 마지막으로 들었던 말은 "병~신" 인건가? 그 말이 유언이라는 상황이 참으로 웃프다. 나중에 하늘에서 할머니를 만난다면, "할머니 저 애인 생겼어요."라고 말할 수 있기를.

아빠가 몸이 불편해지고 난 뒤, 작은아빠는 아빠 대신 집안의 어른 역할을 해 주셨다. 할머니의 장례도 작은아빠네 뜻대로 진행되었다. 고모들은 작은엄마한테 연신 "언니가 참 고생 많았어요."라며 고마움을 표했다. 작은엄마께서 고생하신 점에 고마운 건 인정하더라도,

> 작은엄마가 할머니를 모신 것은 고작 7여 년인데, 맏며느리로서 37년을 넘게 모신 맏며느리인 울 엄마한테는 그런 말을 건네는 이가 아무도 없다는 상황이 참으로 씁쓸했다. 엄마는 겉으론 표현은 안 하셨지만 내심 매우 서운하셨을 것 같다. 엄마가 잠 못 이룬 그 밤, 엄마의 머릿속에 자신이 시집살이하던 시절이 주마등처럼 지나간 것은 아닐까? 언니랑 나는, "엄마, 서운해하지 마. 우리가 엄마가 인정해 주잖아. 넘 고생 많았어요."라고 몇 번이고 말해 주었다.

### 2014. 12. 4.

생각보다 덜 추운 날씨. 오늘은 시어머니 발인하는 날. 시동생의 뜻대로 시아버님 묘의 옆자리로 자리를 정했다. 몸이 불편한 그이는 매장 의식을 하는 동안 차를 주차한 아래쪽에서 기다리기로 했다. 한창 식이 진행 중인데, 다급하게 사랑이를 찾는 그이의 목소리가 들렸다. 사랑이는 투덜대며 차가 주차된 곳으로 급하게 내려갔는데, 간식으로 준비했던 떡, 식혜, 귤을 허겁지겁 먹던 게 탈이 났는지 그이가 그만 실례를 하고 만 것이었다. 급박한 상황에 연수랑 사랑이가 잽싸게 움직여 더운물, 물티슈, 새 바지 등을 급히 구해 주어 처리했다. 정말 혼이 쏙 빠진 느낌이다. 이제 큰 행사가 있을 때는 그이는 불참해야겠다.

위급 상황 때 불가항력은 어찌할 수 없고. 이번 일로 모든 이들이 특히 시누이들이 이런 그이의 상태를 알게 되었으니 이해해 주겠지?

♥ 이날 일을 생각하면 참 황당하고 짜증 그 자체다. 운전을 잘하고 싹싹한 사촌 동생 연수 덕분에 빠르게 필요한 것들을 구할 수 있었다. 묘지 아래 화장실로 아빠를 연수의 차(게다가 당시에는 새 차였음)로 모시고 이동하는데 연수는 얼굴 하나 찡그리지 않았다. 나 같았으면 어땠을까? 짜증 지수가 폭발했었을 터인데. 그 와중에 아빠 바지에 시보리가 있다는 것은 정말 다행이었다. 지금 생각해도 참 아찔한 순간이다. 몸이 불편해지시고 아빠가 달라진 점 중 하나는 낙천적으로 변했다는 점인데, 아빠는 이 상황이 어색하고 미안하셨던지 "연수야, 내 덕분에 올해 너는 대박이 날 것이다! 하하하." 싹싹한 연수는 "네, 큰아빠."라고 대답해 주었다. 연수가 속으로야 무슨 생각을 했을진 모르겠지만. 공용 화장실에서 아빠의 뒤처리를 끝낸 엄마는 완전 녹다운이 되었다. 아내니까 할 수 있는 일이겠지? 이건 나 같은 딸은 절대 절대 못 할 일이다.

고모들은 평소 "너네끼리만 좋은 데 다니지 말고 아빠도 좀 모시고 다녀라." 등 이래라저래라 잔소리하셨었다. 아무래도 여동생의 입장에서 보면 자기 오빠 빼고 우리끼리 시시덕거리며 좋은 시간을 보내는

> 게 싫으셨겠지? 전화위복인 건가? 이 사건 이후로는 고모들이 더 이상 그런 얘기를 꺼내지 않으셨다. 몸이 불편한 아빠를 보살피는 게 녹록지 않은 거라는 걸 조금은 아시게 된 걸까?

### 2014. 2. 13.~2. 15.

아, 기다리던 유후인 료칸 여행.

Day 1, 집에서 아침 5시 50분 출발하여 사랑이가 운전하고 공항으로 갔다. 짐이 없어 바로 수속에 들어감. 간단히 빵과 라테로 아침 해결. 세 모녀의 두 번째 해외여행이다. 아시아나를 타고 후쿠오카 공항 도착. 버스로 유후인 역에 도착. 일본 가정식 백반으로 점심, 고로케랑 카스테라, 어묵 등 일본 먹거리에 관심 많은 공주님들 덕분에 배부르게 과식. 4시에 료칸에서 차로 마중 나와서 드디어 료칸에 도착. 겉은 허름해 보였으나 엔티크한 분위기. 방 앞에 뜨끈한 개별 온천이 있다니! 온천에 들어가 담그고, 쉬고, 먹고, 또 담그고. 시원한 맥주와 귤을 까먹자니 아, 천국이 따로 없다. 저녁에 카이세키가 나왔는데 배가 불러 당최 식욕이 나지 않았다. 그 맛난 음식들을 눈앞에 두고도! 우리 공주님들 카이세키(정식)에 나온 예쁜 그릇들에 눈이 반짝! 지금까지 했던 온천욕 중 제일 좋다.

Day 2, 아침에 일어나자마자 온천에 풍덩. 그리고 눕고. 아침 식사로 가지 넣은 메밀 죽, 생선조림, 계란말이, 된장국, 야채, 하얀 밥. 참 정갈하고 건강한 식단이다. 직원에게 물어서 유후인 시내까지 걸어갔다. 사랑이가 딸기 파르페를 사주겠다 해서 카페를 찾으러 다시 걸으니 약간 다리가 아프다. 근데 가는 날이 장날이라고 금일 휴업이랜다. 대신 근처 다른 카페에 들러 라테를 마시며 잠시 쉬다. 구경하며 오는 길에 점심으로 유명한 식당에서 우동을 먹었다. 저녁을 맛나게 먹기 위해 간식은 사양. 그래도 카스텔라 집에 들러 시식하고 숙소로 돌아옴. 담그고, 눕고, 담그고. 사랑이가 온천장 옆에 맥주, 귤을 또 세팅. 무드 찾는 공주님. 계속 감탄하며 시간이 흐름을 아쉬워하다.

Day3, 떠나는 날. 아침에 일어나자 담그고 식사. 깔끔한 솜씨, 생선 요리가 입에 맞는다. 다시 온천에 담그고. 아쉽지만 10시에 짐 정리하고 료칸에서 차로 역까지 배웅. 짐을 맡기고 어제 허탕 쳤던 그 〈샤갈〉이라는 카페를 향해 걸어갔다. 다행히 호숫가 그 카페는 문을 열어서 푸짐한 딸기 파르페, 초콜릿 파르페를 함께 나눠 먹고 사진 찰칵~ 쇼핑하고 점심 먹고 12시 10분 버스로 텐진행. 백화점에서 김밥으로 요기하고 공항에서 7시 10분발 아시아나 비행기로 출발. 무사히 여행이 끝났고 함께 한 추억을 한 아름 안고 시간은 또 흐른다.

개별 노천이 딸린 료칸 방        사랑이가 노천에 세팅한 맥주와 귤

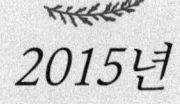
2015년

## 2015. 2. 28.

   이사 온 지 벌써 1년! 공주님들과 예쁘게 꾸민 우리만의 아늑한 보금자리. 백운호수에 있는 단골인 프렌치 식당 〈라붐〉에서 조촐하게 이사 1주년 기념 점심을 먹었다. 애프터 파티로 두 공주님이 3단 트레이로 애프터눈 티 세트를 장식. 예쁘고 맛나고. 그이는 포도주 대신 포도주스. 꾸민 테라스에 사랑이가 사 온 노란 꽃(이름은 모르지만)을 놓으니 더 아담하고 예쁘다. 코스코에서 힘들게 사 온 행복 나무가 올겨울에 추웠는지 힘들어 보여 계속 용기를 주었더니 1센티 정도의 싹이 나왔다. 행복 나무야, 미안해. 올겨울에는 춥지 않게 보살펴 줄 테니 잘 자라주렴.

제라늄 화분

사랑이의 브런치 상차림

## 2015. 3. 29.

　얼마 전 연가를 낸 시랑이랑 앞 베란다에 제라늄을 심어 스위스 분위기가 나도록 테라스를 꾸몄다. 그 기념으로 사랑이가 브런치 메뉴로 으깬 감자와 달걀 프라이를 곁들인 햄버그스테이크와 딸기주스를 차려서 모처럼 미니 테라스에 앉아서 브런치 식사. 후식으로 커피 타임을 갖던 중, 시진이에게서 전화. 아, 그렇게도 기다리던 영주권을 받았다는 소식. 눈물이 왈칵 쏟아진다. 긴 세월의 기다림, 엄청난 금액, 그 한 장의 카드를 얻기 위한 그간의 노력. 묵묵히 기다려 준 시진이가 기특하고 지켜봐 준 누나들도 고맙고, 와! 기쁜 마음을 자축하기 위해 호텔에 가서 모처럼 칵테일로 세 모녀가 축배를 들었다. 시진이의 상황이 점점 좋아짐을 믿으며.


## 2015. 3. 30.

　시든 꽃을 뽑고 화분에 새로운 꽃을 심다. 와~ 예쁘다(사랑이적 표현) 이렇게 예쁜 꽃들을 보며 행복한 시간을 갖는 것이 요즘 나의 기쁨~ 물론 딸들, 그이도 좋아하지.

### 2015. 4. 11.~ 4. 12.

Day 1, 9시에 고속 터미널에서 안동행. 준비한 간식을 먹으며 안동 터미널에 도착. 택시로 한정식집에 가서 점심 식사. 식사 후 시골 돌담길을 걸으며 즐기다. 하회마을에 가서 강가를 도는 둑길에 벚꽃이 아치를 이루는 꽃길을 걸으며 기대 이상의 풍경에 흠뻑 행복한 시간을 갖다. 고즈넉한 옛 정취를 느끼며 마을을 둘러보다 택시로 시랑이가 예약한 고택에 가다. 단독 가구로 되어 있는 한옥. 근데 TV가 없다. 갑자기 혼란~ 그래, TV 없이 힐링해 보자. 고택 아래쪽에 있는 마트에서 컵라면, 맥주, 달걀 등을 사서 저녁으로 해결. 바닥이 딱딱하니 베개가 불편해서 엎치락뒤치락했는데 내가 엄청 코를 골았다나? 어쩌나!

Day 2, 아침 8시쯤에 조촐한 한식 식사. 근데 간이 전혀 안 되어 있다. 안동은 간고등어가 유명한 곳인데 한 토막 내어주지. 택시로 터미널로 와서 서울 도착. 중국 음식으로 점심 해결. 아, 즐거운 여행이었다!

### 2015. 5. 3.

비가 추적추적 내린다. 뽀얀 구름이 호암산을 가리고. 촉촉이 젖어 드는 이파리를 보며, 핑크 접시에 요리를 내어 온 사랑이의 브런치를 먹으며, 흐느적흐느적 젖어 드는 재즈 음악 또한 어울림을 갖는다. 이곳은 나만의 〈블루밍 카페〉. 모처럼 시진이와 통화. 퇴근하고 씻고 바쁜 생활. Step by Step! 결실의 그날을 기원하며. 묵묵히 그리고 차근차근.

근래 매일 집앞 감나무위로 날아오는 새.
제라늄 화분받침에 있는 물마시구 날아간다.

오늘은 한참을 안날아가길래 동영상
찍어보았는데, 나랑 아이컨텍한듯 한참을
갸우뚱 쳐다보더니 날아갔다.

물 마시러 온 산새

테라스 브런치 I

테라스 브런치 II

♥ 날씨가 따뜻해지면 예쁘게 꾸민 베란다 테이블에서 주변 풍경을 감상하며 우리만의 브런치 타임을 갖곤 했다. 이젠 나가서 돈 주고 브런치 레스토랑에 가는 것이 아까울 정도. 가끔 산새들이 날아와 목을 축이려 베란다 앞에 둔 화분 받침에 있는 물을 마시러 오곤 한다. 엄마는 그 이후로는 새들이 언제라도 와서 물을 마실 수 있게 따로 그릇에 물을 담아 내놓기 시작하셨다. 언제나 사랑이 넘치셨던 울 엄마.

### 2015. 5. 4.

그이 검진(혈압이 좀 높다. 찌개 탓일까?.) 6일에 나오는 결과를 보고 식습관에 주의해야 할 텐데. 청력도 노쇠해진 건지 잘 안 들린다고 해서 5층 이비인후과에 들르자 해서 갔는데, 오 마이 가쉬~ 귓속에 솜이 가득 들어 있어 빼내느라 고생했다고 한다. 면봉을 세게 쑤셔댄 결과? 암튼 그이의 거친 손길이 문제. 다행! 지금이라도 발견해서. 자칫하면 염증이 생길 수도 있었단다. 그 김에 면봉 모조리 수거.

## 2015. 5. 19.

　12박 13일의 동유럽 - 발칸 여행을 건강하고 무사히 마치고 휴식 중. 싱글인 벗, 옥이가 나의 여행 파트너가 되어 주었었다. 동유럽의 고전 도시와 역사의 흔적, '꽃보다 누나'라는 프로에서 봐서 더 유명해진 드브로브니크. 워낙 유명한 지역이라 관광객들이 엄청났다. 인멀미가 날 정도. 나의 여행 스타일은 장소보다 누구랑 함께했느냐가 가장 우선순위, 푸짐한 먹거리, 그리고 아름다운 풍경이다. 그래서 결론적으로는 단연 최고봉은 딸들과의 여행. 다행히 시차 적응이 잘되어 무리 없이 잘 잤다. 사랑이가 도와줘서 사진들 정리.

## 2015. 05. 23.

　금요일(22일)이 나의 birthday~ 사랑이가 4첩 반상(잡채, 가지 송이버섯 샐러드, 깻잎 참치전, 미역국)을 차려줬다. 출근하느라 바쁠 텐데, 엄마 생일이라고 애썼다. 시랑이가 사 온 케이크로 축하 파티. 고맙다. 사랑하는 나의 가족들. 그이는 없는 용돈에서 10만 원을 선물로 줬다. 근데 내 카드값이 으악!!! 할부의 함정에 빠지다.

사랑이표 4첩 반상

### 2015. 6. 7.

 시부모님 산소 가는 날. 10시경에 작은 집에 모여 딸들은 연수 차, 나는 시동생 차로 출발. 고모들 내외 다 모임. 반구정에서 시동생이 점심을 냄. 비싼 장어를 다들 실컷 먹다. 매운탕은 포장. 시누이들과는 함께 있고 싶지 않고 어색한 관계. 여전히 어려운 과제다. 그래, 이 나이에 거슬리면 피하고 안 보면 되는 것. 인생은 '흐르는 강물'인 것을. 흘러간 시간 속의 옛 감정을 여전히 붙들고 있는 '나'를 발견해 본다.

## 2015. 6. 27.

　Day 1, 깜빡 잠든 사이 사랑이가 깨워서 화들짝! 5시에 사랑이 차로 김포공항행! 7시 10분 제주항공. 던킨에서 빵이랑 커피로 아침을 때우다. 제주에 도착하자마자 당근이 유명한 구좌읍으로 가서 당근케이크 먹고 협재 해수욕장에 갔다. 해변을 거닐다가 '춘심이네'에서 통갈치랑 갈치 뚝배기랑 먹다. 비자림, 섭지코지, 생각하는 정원을 구경하다 저녁은 '민트'라는 이태리 식당에서 수지 미국 가기 전 한국에서의 생일 축하 저녁을 사다. 근처에 수국이 만발했다. 예전에 머물렀던 숙소인 S 호텔. 여전히 정감 있고 오붓하다.
　Day 2, 호텔 조식으로 성게미역국이랑 전복죽을 먹다. 커피를 들고 바로 앞에 있는 바닷가를 산책하고 사진도 찍고. 사랑이 미국 가기 전에 함께 보낸 즐거운 추억이 깃들었던 여행. 하느님 감사합니다.

## 2015. 7. 20.

　사랑이 미국 유학길을 떠나기 전, 학교 방학 날. 제자들이 진정한 스승이자 멘토라며 유학 후 2년 뒤에 다시 만나자며 정성 어린 선물과 편지를 잔뜩 주었다. 제자들의 사랑을 받는 것을 보니 사랑이도 제법 어엿한 스승이 되어가는 모습에 흐뭇하다.

### 2015. 8. 1.

사랑이 송별회로 큰언니 내외랑 함께 드마리스 뷔페에서 회식. 그이가 감성이 풍부해졌는지 울컥울컥한다. 큰 형부랑 독서한 내용을 얘기하는 거 보면. 그이의 독서로 얻은 간접 지식은 세계 여행을 안 해도 너무 풍부한 듯하다.

♥ 아빠는 뇌졸중으로 쓰러지시고 난 뒤, 성격이 너무 유하고 낙천적으로 변했다. 뇌졸중으로 몸은 불편해지셨으나, 급발진하며 화를 내던 아빠의 독불장군 같던 면모는 사라졌다. 시진이 말로는 전두엽에 변화가 생겨서 분노 세포가 사라진 거라나? 게다가 나이 들어 호르몬 변화까지 와서인지 눈물도 많아지셨다. 예전에는 신파극이라며 보지 못하게 했던 멜로드라마를 보시며 어깨를 들썩이며 눈물을 흘리시는 모습을 우리에게 종종 들키시기도.

## 2015. 8. 2.

　아인(셋째 시누이 둘째 딸)이 신랑감을 친척들에게 소개하는 식사 자리. 작은아빠네로 참여 의사를 전했었는데, 어디서 의사소통이 잘 못된 건지 당황하며 급하게 테이블에 의자를 늘리는 걸 보니, 셋째 시누이는 우리 가족이 참석 안 할 거로 생각한 눈치. 아인이의 신랑은 아인이가 미국에서 인턴 생활을 하다 만난 중국계 말레이시아인. 인상도 선하고 우리 집안과 같은 성씨를 써서 더 친근감이 들었다. 셋째 시누이네는 자기 남편 직업을 이어 세 딸 모두 의사로 키우는 게 목표였는데, 결국 둘째인 아인이만 의사가 되었네. 아인이는 곧 시애틀에 돌아가 결혼식을 열 예정이란다. 결혼식에 못 가는 친척들은 곧 미국에 가 있을 사랑이가 가족 대표로 결혼 축하를 해주면 되겠다며. 시동생이 사랑이와 시진이 쓰라며 50만 원을 용돈으로 줌. 고맙다.

## 2015. 8. 5.

　그이 생일. 아침 식사 후, 케이크 놓고 축하! 사랑이는 일부러 아빠 생신 파티하고 떠난다고 이날을 출국 날로 잡았더랬다. 사랑이가 미국 가기 전에 먹고팠다던 소원 풀이로 커다란 갈치조림을 요리함. 사랑이는 내가 하는 갈치조림이 식당에서 파는 것보다 훨씬 맛나다고 좋아한다. 미국 가서도 엄마의 음식이 그리울 거라며. 운이 좋게도 사랑이의 비행기 좌석이 비즈니스 자리로 승급되었대다. 장거리 비행인데 시작부터 럭키한 게 사랑이 유학 생활의 좋은 출발 신호인 듯. 이내 이별의 슬픔은 어디 가고 사랑이는 비즈니스 자리 타고 간다며 눈물은커녕 오히려 신이 난 눈치. 사랑이에게 행운을! You can do it! 현실에 안주하기보다 더 도약하기 위해 도전하는 사랑이가 대견스럽다. 파이팅! 시기적절하게 시진이가 미국에서 그동안 닦아놓은 기반이 있기에 모든 게 가능함에 감사.

### *2015. 8. 7.*

사랑이와 카톡. 투룸 아파트에 사는 시진이가 큰방을 누나에게 내주어 유학 생활 동안 머물 숙소가 순조롭게 해결되었다. 이케아에서 누나 방에 둘 가구를 사와 조립하는 시진. 손끝이 참 야물다. 사랑이는 아직 시차 적응이 안 되는지 잠을 잘 자지 못하나 보다. 그리고 대학원에서의 공부라는 새로운 도전에 대한 맘이 아직 정리 안 되고 있겠지. You can do it!

## 2015. 8. 11.

국회 청문회라 사랑이 1시간 빨리 출근. 휴가도 없이. 내색은 안 하지만 피곤하겠지. 사랑이는 잡채며 기타 반찬을 해서 시진이 먹으라고 부지런히 요리한다고. 누나가 엄마를 대신해주는구나. 기특한 것!

## 2015. 8. 14.

사랑이가 빨강 소나타(일명 쏘냐) 사진을 보내왔다. 시진이가 일이 바빠서 LA까지는 함께 가서 차를 픽업하고 돌아올 때는 사랑이 혼자서 집까지 운전하고 왔댄다. 아직 영어 교통 표지판 보는 거나 교통 수칙에 적응하지 못해 무서웠다고 하는데 아무튼 대단하다. 미국에서 2년 동안 체류하기 위해선 국제운전면허증(6개월간 유효) 대신 캘리포니아에서 지급하는 면허를 따는 것이 필수라고. 미국에 가자마자 운전 면허 공부라니. 무사히 면허 따기를 기원한다. 기상 이변으로 올해는 미국도 너무 덥단다. 몇 년 전에 사랑이랑 미국에 갔을 때는 선선하니 좋았는데. 시진이 왈, 누나가 한국 더위를 몰고 왔다나? 이것저것 할 일도 많은데 차근차근 해결해 나가니 기특. 모든 일이 계획대로 순조롭게 잘 이루어지기를.

## 2015. 8. 15.

바쁜 일정 속에서도 사랑이가 나 하라고 귀걸이를 보내 주었다. 미국에는 귀를 안 뚫은 사람을 위한 귀걸이가 꽤 많단다. 한국에는 왜 이런 게 없을까?

근데 사랑이가 운전 면허 시험에 떨어졌다고 실망한 눈치. 나름 한국에서의 실 운전 경력이 6년 차인데, 이게 미국 텃세란 걸까?

♥ 운이 좋게도 고등학교 시절 베프, 써니의 신랑이 주재원으로 근무하는 덕분으로 유학 기간 함께 지낼 수 있었다. 캘리포니아는 대중교통 시설이 잘 갖춰져 있지 않아서 자동차가 없으면 이동이 꽤 불편하다. 내 자동차를 구하기 전까지 나는 시진이가 일하러 나가 있는 동안 집에 내내 머물러 있었는데, 써니는 답답해할 나를 위해 얼바인에서 애너하임까지 출동해서 쇼핑센터나 인엔아웃 등 다양한 장소 구경을 시켜 주었다. 내 기억으론 써니는 한국에선 초보 운전자였는데, 미국에서 실전에 임하다 보니 운전 솜씨가 월등히 늘어 있어서 놀라웠다. 종횡무진 폭풍 운전해 주는 친구가 있다는 사실이 참으로 고마웠다. 암튼 써니 덕분에 아웃렛에서 엄마 줄 귀걸이를 득템할 수 있었다.

도착하자마자 시차 적응을 하기도 전에 운전 면허 시험 준비했건만, 결국 실기 시험의 벽을 넘지 못했다. 급하게 신청하다 보니, 신청한 곳이 나름 악명 높은 곳이라 해서 좀 싸한 느낌이 들었지만, 한국에서의 운전 경력을 믿고 도전했더랬다. 왜 슬픈 예감은 틀리지 않나! 내 인사를 씹었던 실기 시험 감독관은 결국, 불합격 처리하고 말았다. 불합격 이유는 양보 정신이 없다나! 평행 주차를 하려는데, 갑자기 다른 차가 끼어드는 상황이 발생했는데, 당황하여 어떻게 할지 대치 중이다가 조금 차를 움직이려고 했던 게 문제였다. 와, 평생 양보 정신을 무장하며 살아왔다고 자부했는데 타지에서 이런 얘기를 듣자니 자존심이 상했다. 초보 운전도 아닌데 떨어진 것이 쪽팔렸다. 엄마한테 하소연하며 감정을 토로했다.

### 2015. 8. 17.

오늘도 찜통더위란다. 집에만 있으니, 좀 견딜 만. 에어컨 없이 지낼 수 있는 집이 고맙다. 아직은 어디에 얽매이는 게 싫어서 큰언니 만나고, 가끔 모임 나가고, TV 보고, 사랑이와 카톡하고. 나도 시간이 좀 흐르면 욕구가 생길까? 노래, 여행, 글쓰기, 맛 기행. 제법 해야 할 게 많네.

♥ 엄마는 초등교사를 정년 퇴임하시고도 몇 년 동안은 기간제 교사나 강사로 계속 일하셨다. 수십 년간 다니던 직장을 하루아침에 그만두면 일에 대한 금단 현상이라도 나타나는 것일까? 아무튼 그리고 몇 년 후, 진짜로 직장을 그만두시고는 이젠 정말 자신을 위해 오롯이 시간을 어떻게 보내야 할지에 대한 고민이 있으셨나 보다. 나는 과연 엄마처럼 정년을 채우고 퇴임할 수나 있을까? 내게는 그저 넘사벽의 일처럼 멀게만 느껴진다. RESPECT!

### 2015. 8. 18.

그이가 염려했던 증상이 또! 119에 실려 H 병원 응급실로 가 검사를 했더니 이번엔 좀 더 큰 병원에 가보라고 하여 근처 Y 병원으로. 다들 시술해야 한다고 한다. 뇌졸중으로 쓰러진 이후로 피를 묽게 하는 약을 처방받고 있어서 시술에 들어가면 너무 위험할 텐데 걱정하였지만, 결국 의사 말을 따라 시술받기로 했다. 여러 가지 말이 떠오른다. 꼭 전화위복이 되기를. 병원도 깨끗하고 체계적인 듯. 남자 간병인을 빨리 구해야 하는데, 머리가 지끈하다. 두통약과 청심환 먹다.

♥ 2007년 가을, 아빠는 뇌졸중으로 쓰러지셨다. 그날의 아침은 아직도 잊히지 않는다. 자고 있는데, 아침부터 쾅쾅 문을 두드리며 고함을 지르는 소리에 깨어 보니, 아빠가 안방 화장실에 쓰러지신 채 도움을 요청하고 계셨던 것이었다.

엄마가 발견하시고 119에 신고하고 얼마 뒤, 아빠는 K 병원으로 이송되어 가셨다. 수술을 받고 며칠간 중환자실에 입원해 계셨는데, 결국 뇌졸중으로 인한 후유증으로 인해 아빠는 왼쪽 부위에 마비가 오셨다. 무사히 살아나신 것에는 감사하지만, 한 잘생김을 담당하셨던 아빠한테 그런 일이 생겼다고 생각하니 충격이 컸다. 아빠는 원래 심근경색과 고지혈 증상이 있어서 꾸준히 약을 처방받고 병원 진료를 받았어야 했는데, 의심이 많았던 아빠는 평소에도 의사들과 보험회사 사람들은 다 사기꾼이라는 말을 자주 하셨더랬다. 자신은 이렇게 멀쩡한데 약을 먹게 한다며 투덜대시곤 하셨다. 알고 보니, 아빠는 어지럽다는 이유로 처방받은 약을 복용하지 않았고, 정기 검진 때는 의사 앞에서 뻔뻔하게 약을 잘 먹고 있다고 거짓말을 하시곤 하셨단다. 그 흔한 보험 하나 가입하지 않았던 터라 결과적으로는 엄마에게 엄청난 금액의 수술비와 치료비라는 큰 짐을 지우셨다.

아빠는 몇 번 고열과 복통 증상으로 응급실에 실려 가셨던 적이 있는데, 담낭 쪽에 생긴 돌멩이가 몸을 돌아다니다가 생긴 췌장 쪽의 염증이 원인이라고 했다. 그동안 임시방편으로만 고비를 넘겨왔던 이유는

> 아빠가 뇌졸중 수술 후 처방받은 약에 피를 묽게 하는 성분이 들어가 있어 수술 중에 생길 지혈의 문제로 위험하기 때문이었다. 하지만 계속 이런 증상이 지속되다 보니 결국 이렇게 아프나 저렇게 아프나 위험한 건 마찬가지라면서 한번 시술로 해결해 보자는 결론에 이른 것으로 보인다. 이젠 모든 건 하늘의 뜻에 맡기자던 엄마의 말씀이 기억난다. 엄마한테는 아빠의 건강은 트라우마로 남겨진 듯하다. 그날 잠 못 이루고 뒤척였을 엄마의 모습이 머릿속에 그려진다.

### *2015. 8. 19.*

   마음 졸였던 그이 1차 췌장염 시술. 다행히 정말 무사히 마쳤다. 감사! 그런데 회복 후에 2차로 쓸개 제거 수술을 해야 한다고. 시작한 수술이니 그이가 무사히 완쾌되어 편안한 삶을 살 수 있도록 해주시기를 기원 또 기원합니다.

   작은아빠네 식구들이 병문안 오고, 시동생이 300만 원을 주고 갔다. 좀 미안한 마음. 형님 생각에 그랬겠지만. 암튼 너무 감사하다. 수술이 또 있으니 예상했던 것보다 병원 생활이 길어질 것 같다. 사랑이와 카톡을 했는데, 괜히 연락했나 하는 후회도 든다. 멀리서 걱정만 할텐데. 근데 사랑이도 꿈을 잘 꾸었다니 마음이 놓인다.

♥ 엄마랑 카톡 통화를 하는데 엄마가 뜬금없이 밤새 꿈 잘 꿨냐며 물어보셨다. 무슨 꿈을 꿨는지 지금은 기억이 가물가물하지만, 엄마의 일기를 보니 내가 좋은 꿈을 꿨다고 말했나 보네. 엄마가 머뭇거리시더니 아빠의 현 상황에 관해 설명해 주셨다. 미국이라는 먼 곳에 떨어져 아무 도움도 못 드리는 내 상황이 미안해졌다. 뇌졸중으로 쓰러지신 데 이어서 또 이런 건강상의 문제가 생기다니 아빠도 짠하고 옆에서 돌보실 엄마도 불쌍했다.

수술 전날 아빠가 꿈을 꾸셨는데 추기경님이 나와서 아빠 손을 잡아 주셨다고 한다. 아빠는 자신의 꿈이 징조가 좋은 거라며 수술에 대해서 긍정적으로 생각하신다고 전해 들었다.

나도 그 얘기를 들으니, 왠지 아빠 수술이 무사히 끝날 것 같아서 조금은 안심이 들었고 멀리서나마 기도를 열심히 해야지 생각했다.

작은아빠는 우리 집에 위기, 특히 경제적 위기가 찾아올 때마다 도움을 주시는 은인이시다. 저번 뇌졸중 수술 때에도 보험 하나 들지 않아 수술비를 현금으로 마련하시기에 힘드셨던 엄마한테 보태라며 목돈을 주시곤 하셨다. 작은아빠에게는 아빠는 큰형님이자, 일찍 돌아가신 할아버지 대신 아버지 같은 존재였던 것 같다. 장가가기 전, 빠듯한 생활비에도 힘들게 자신의 용돈을 챙겨줬던 형수님에 대한 고마움도 있었다고 나중에 전해 들었다. 아무리 그렇다고 해도 자신의 가정을 꾸리고 나서도 형님 집안일에 이렇게 현실적인 도움을 주는 일은 쉽지 않았을 텐데 참 의리가 있는 분이시다.

## 2015. 8. 24.

병원에 갔다. 근데 그이가 짜증을 낸다. 인상을 쓰며.

그래, 몸도 마음대로 움직이지 못하고. 그래도 자꾸 감사함으로 바꾸어야 할 텐데. 감정적으로 부딪힐 거 같아서 기분 전환으로 미용실에 가서 머리도 다듬고 관리받는데, 그이로부터 전화가 와서 통화. 그 바람에 미용실 원장이 눈치를 채고 그이 맛난 거 사주라고 5만 원을 주네. 경우가 밝은 분이시다. 나도 팁 2만 원을 주고 나왔다. 통화 때 그이의 목소리는 아침때보다는 짜증이 좀 가라앉은 듯해서 다행이다. 별거 아닌 일이 그이한테는 엄청 중요하다. 예를 들어, 면도날, 물비누 등이 꼭 자기가 썼던 특정 브랜드여야 한다. 성질을 좀 낸 게 마음이 쓰여서 다시 가서 분위기 전환하고. 참, 나라는 사람. 누구를 화나게 하거나 나로 인한 일이 벌어지면 새가슴이라 못 견딘다. 원만하게 다독여야지. 이런저런 속 얘기를 숙이랑 전화로 수다. 남편이 젊은 나이에 췌장암으로 떠난 친구이다. 곁에서 간호했을 숙이의 노고가 느껴진다. 참 좋은 친구구나. 무슨 얘기든지 터놓고 할 수 있는. 첨엔 수경이가 그런 친구인 줄 알았는데 뒤늦게 아니란 사실을 깨달아 버렸다. 인생은 고해, 정말 하루하루를 감사하며 뜻깊게 보내야 할 텐데.

*2015. 8. 26.*

그이가 가끔 쓸데없는 깐깐함을 부린다. 별것도 아닌 것 가지고. 간호사에게 따지고. 정말 싫은데. 그동안 보였던 행동들. 간.종.선.생!

> ♥ 엄마한테는 한없이 너그러우시다가도 아빠는 별일 아닌 것 가지고 종종 똥고집을 부리실 때가 있었다. 심통 부릴 때 나오는 아빠의 얼굴을 보고 우리는 '꾸러기(심술꾸러기의 약자)' 표정이 나왔다고 했었다. '다른 사람의 의견은 아무것도 듣지 않을 테다' 하는 그런 표정. 꾸러기 표정을 지으며 고집 피우는 아빠를 설득하시는 게 힘드셨을 엄마.

*2015. 8. 29.*

8시쯤 사랑이는 광주로 가기 위해 광명역으로. 나는 그길로 병원행. 이것저것 퇴원 수속 마치고 2시경에 재활을 위한 요양 병원으로. 그동안 병실이 꽉 차서 그이가 원하던 침대는 아니고. 간병인이 건장해 보이는데, 글쎄, 돌아오는 발걸음이 무겁고 아이들이 그리워진다.

시랑이가 옆에 없어서 그럴까? 울먹임이 목까지 차오른다. 숙이랑 전화하며 터뜨리는 감정. 숙이는 얼마나 힘들었을까? 이기적이다. 사람들은. 그동안 한 번이나 숙이를 따뜻하게 위로해 준 적 있었나? 그 힘든 시간을 견딘 숙이가 대단하다.

♥ 자식들에게도 털어놓지 못할 이런저런 얘기를 툭 까놓고 맘 편히 얘기 나눌 수 있는 그런 친구가 엄마한테 있음에 감사한다. 나이가 드니 배우자의 건강, 죽음이 고민 주제의 큰 부분을 차지하게 되는구나. 숙이 이모의 남편분은 젊은 나이에 췌장암으로 돌아가셨는데 엄마도 아빠가 건강상의 위기를 여러 번 겪게 되고 나서야 숙이 이모의 아픔을 제대로 바라보게 되신 것 같다. 수술 과정을 잘 견뎌내시고 살아계신 아빠에게 감사함은 별도로, 아빠의 깐깐하고 예민한 성격은 우리뿐만 아니라 엄마도 참 힘들게 했다고 다시금 알게 되었다. 이 시기에 나는 미국 유학 중이고, 언니마저 광주 사무소에 발령받아 있던 터라 엄마가 혼자서 많이 외로우셨겠다. 난 내 대학원 공부하느라 엄마한테 내 하소연만 하고 정작 엄마의 힘듦은 외면했었네. 죄송한 마음이 든다.

## *2015. 8. 25.*

어제 셋째 시누이네가 병문안 왔다 갔다며 50만 원을 건네준다. 기분이 착잡. 그래, 제 혈육이니까! 사랑이와 카톡으로 수다. 대학원 수업이 빡세단다. 파이팅!!! 성당 문제 해결하고 신앙생활을 해야겠지. 맘속에 항상 주님이 계셨으니까.

♥ 고모들 중에서 특히 엄마와 셋째 고모와의 스토리는 길다. 셋째 고모는 한때는 비비안 리를 닮은 서구적인 빼어난 외모를 가지셨던 분이셨는데, 중년의 얼굴은 그 사람의 인생을 보여준다고 했나? 이제 고모의 모습을 보면 아름다웠던 미모는 퇴색되었고 얼굴에 고모의 못된? 성격만 보이는 것 같다. 어린 시절 셋째 고모가 집에 놀러 올 때면 항상 엄마를 안주 삼아 할머니와 뒷담화했던 것이 아직도 기억에 생생하다. 엄마와 셋째 고모의 갈등이 극에 달했던 건 아인이 결혼식이었다. 결혼 날짜가 다가옴에도 아무 소식이 없어 나는 경아(아인이의 언니)에게 일정을 알려달라고 했는데, 직계 가족끼리 조촐하게 하는 것으로 바뀌었으니, 언니는 오지 않아도 된단다.

가족 대표로 결혼식에 참가하는 것을 기정사실로 알고 기다려 왔는데, 그제서야 이런 답변을 들으니 물어본 내 자신이 너무 뻘쭘했다.

엄마랑 통화하면서 서운한 상황을 얘기했더랬다. 며칠 후, 셋째 고모는 친척들에게 결혼식 잘 마쳤다며 전화로 인사를 돌렸는데 엄마는 통화 중에 자연스레 내 얘기를 언급하셨나 보다. "사랑이도 식구 아닌가요? 미리 알려주지 않아서 좀 그랬나 봐." 그런데 셋째 고모한테서 돌아온 말이 되려 엄마의 가슴에 비수를 꽂았다. "언니 입에서 식구라는 말이 나와요?"라고. 아무래도 아빠 쓰러지시고 나서 할머니를 작은아빠네로 모시게 한 일 때문에 시누이로서 묵혀두었던 서운함을 드러낸 것일 수도 있겠지만. 아무리 그래도 37여 년 동안 큰며느리 역할 한 새언니한테 할 말은 아니지 않나? 그날 엄마와 통화하면서 실컷 셋째 고모 뒷담화를 했다. 엄마의 장례식 때, 셋째 고모는 우리에게 "엄마 고생 많았고 고맙다."란 말 한마디도 건네주지 않았다. 만약 그랬더라면 고모에 대한 지금까지의 앙금이 조금은 풀렸을까?

### 2015. 9. 4.

9월이다. 어느새. 더위와 그이 발병으로 힘들었던 8월이 갔다. 사랑이와 통화. 마음이 잘 맞지 않는 구성원들과 그룹 활동으로 스트레스가 있는 듯. 쉬운 일은 없는 것. 네가 겪는 일이 힘들면 다른 사람들도 힘들겠지. 많이 얘기 나눴으니, 긍정의 힘으로 잘 견디길. 그이 병원으로 갔다. 그곳에 가면 마음이 참 착잡하다. 생로병사라지만. 그이 옆 할아버지의 모습이 참 처참하다. 그이가 얼른 기운 차리고 다시 걸어서 병원에서 나오기를 기원.

시진이 목소리가 그리워 통화. 듬직하고 착한 아들. 요새 영어를 다시 체계적으로 공부하고 싶다며, 열공한다고. 그래, 인생은 도전이야! 파이팅!

### 2015. 9. 8.

아메리칸드림을 착각하고 있는 듯. 우선 중, 고등, 대학교 가기는 수월하다. 거기서 아시아계 인종의 굴레는 영원한 것. 어디서든지 차별받는 느낌은 괴롭고. 그곳, 화이트칼라 사회에 끼기가 참 어렵다는데. 시진이가 나름의 고생 끝에 자기의 길에 들어서기까지도 얼마나 많은 경제, 시간, 갈등이 있었는데.

> ♥ 시진이는 발동이 걸리는 데 시간이 걸리는 타입이다. 모든 것이 빠르게 흘러가고 변해가는 한국에서 시간의 속도를 따라가기에는 너무 버거운 타입이다. 어린 시절 나와 언니는 시진이의 그런 모습을 보면서 복에 겨워 저러느냐고 시진이를 한심하게 생각했던 적이 많았다.

> 결국 시진이는 한국을 떠나 미국 유학 생활을 선택하고 결국 현재는 엄마가 바라고 바라던 대로 미국 시민이 되었다. 지금에 와서야 사람들은 각자의 그릇과 각자의 속도에 맞춰 살아간다는 것을 조금 알게 되었다. 자기 뜻대로 되지 않는 자신에게, 또 집안의 기대에 부응하지 못하는 자신에게, 시진이 또한 힘든 시간을 보냈으리라. 엄마는 그런 속도가 느린 시진이를 닦달하기보다는 그런 시진이의 속도를 그저 묵묵히 지켜봐 주셨던 분이셨다.

**2015. 9. 10.**

매일 하는 일상. 지하철 역 근처까지 시랑이 데려다주고 오는 길에 차에서 여러 노래 부르기. 어느새 가을 날씨는 상큼하고. 근데 아이들이 있는 그곳은 아직 더운가 보다. TV를 보는데, '유자식 상팔자'라는 프로그램에서 모녀 팀이 이탈리아 여행을 갔는데, 〈두모어 성당〉이 나와서 감회가 깊었다. 모녀끼리 해외여행! 가슴 설레는 단어. 사랑이랑은 몇 번, 시랑이와는 일본 여행 2번. 나도 딸들하고 제법 여행을 많이 했는데, 역시 모녀끼리 여행이 최고! 낮잠을 좀 자다 5시쯤 일어나서 아파트 주변을 걸었다. 게으름피우지 말고 꾸준히 운동해야지. 늙을수록 꼿꼿한 걸음걸이가 중요!

> ♥ 두모어 성당? 어딘가 어감이 이상하게 느껴져서 검색해 보니 밀라노에 있는 '두오모' 성당을 말하는 거였다. 엄마 생전이었으면 "엄마, 두오모 성당이잖아?"라고 핀잔을 주었을 텐데.

### 2015. 9. 11.

모처럼 여행 끝난 후 큰언니와 만남. 언니도 몸살 때문에 입맛이 뚝 떨어지셨다고. 따끈한 국수 전골. 모처럼 입맛을 찾으신 듯하다. 워낙 건강체이니 형부 간호하느라 힘드셨나 보다.

근데 사랑이가 바쁜지 요새 카톡이 통 안 온다. 사랑이는 유학 초기라 언어 장벽(?) 때문에 힘든가 보다. 무더위도. 여기는 선선한데. 묵묵히 잘해 나가는 자식들이 대견하고 고맙다. 경제적인 도움은 넉넉하게 해주지 못함에도 성실하게 삶을 사는 자식들이 내게는 더 큰 재산이다. 가진 것에 만족해야지. 안 되는 것에 미련 두지 말고.

### 2015. 9. 12.

연수네가 신랑감 인사드린다고 집으로 방문하기로 한 날. 근데 생각지 못했는데 고모들까지 같이 찾아왔다. 그이가 식장에는 참석하지 못할 것 같아서 찾아왔다고. 작은아빠의 성화에 저녁은 사양하고 5시쯤 성급히 다들 퇴장했다. 차례상 차리라며 50만 원을 전해주셨다. 섬세한 사람.

♥ 할아버지가 돌아가시고 아빠가 집안의 가장이 되었을 때, 엄마는 아빠가 주시던 월급으로 빠듯한 살림을 하느라 힘드셨다고 했다. 당시 엄마의 나이가 서른 초중반이었을 텐데. 지금 생각하니 엄마도 참 어린 나이였었네. 군에서 제대한 복학생이었던 작은아빠가 신발 끈을 동여매며 "형수님!" 하고 부를 때가 엄마에게 가장 무서운? 순간이었는데, 그럴 땐 어김없이 용돈을 달라는 신호였다고 한다. 엄마는 간종선생인 아빠한테는 말 한마디 못 꺼내고, 대신 큰언니한테 S.O.S쳐서 돈을 꾼 다음, 작은아빠 용돈을 줬다고 한다. 옛날 눈치 없이 용돈 타가던 것에 대한 은혜라도 갚는 것처럼 이제는 입장이 바뀌어 작은아빠가 엄마한테 살림에 보태라며 용돈을 주시는 것 같았다.

작은아빠는 무뚝뚝한 아빠와 달리 농담도 잘하셨는데, 엄마와 개 그 코드가 맞아서 엄마가 까르르 잘 웃어주니, 작은아빠는 엄마와 대화 나누는 것을 좋아하셨다. 한번은 엄마가 새댁이었을 때였는데, "형수님!" 하고 다급하게 불러서 달려가니, 작은아빠가 엄지손가락을 치켜들고는 "형수님, 빨리 손가락을 눌러 주세요."라고 하셨단다.

엄마는 시키는 대로 손가락을 꾸욱 눌렀고, 그러자 작은아빠가 "뿌웅~" 하고 방귀를 뀌셨다고 한다. 짓궂은 장난에 어이없던 엄마는 깔깔 웃으셨다고.

### 2015. 9. 13.

오늘은 아이들과 화상 통화하는 날. 소소한 얘기부터 시작. '깔끔쟁이'라는 시진이의 재발견. 돈 아낀다고 배추, 오이 직접 사서 김치 담갔다며 사진 보여 주는 사랑이. 마침 사랑이가 보내온 택배가 도착했다. 선글라스, 귀걸이 3쌍, 티셔츠 2벌. 그저 엄마 생각하느라.

사랑이의 첫 김치

## 2015. 9. 18.

정기 검진. 유방, 갑상선 등. 김 선생님 아드님이 원장인데 지나가는 모습을 보니 역시 관록이 있어 인상이 달라 보인다. 다행히 아무 이상이 없다며 나이도 있으니 1년마다 한 번씩 검진하라고 한다. 검진 후에 참새 방앗간인 신촌 H 백화점에 가서 언니랑 점심 먹고 자스민에서 커피 타임을 가졌다. 단골 매장을 그냥 못 지나치고 굉장히 세일하는 니트 점퍼와 티셔츠 구입. 못 말려! 근데 엄청 다운된 가격이니. 스스로 합리화?

♥ 엄마가 쇼핑 후 습관처럼 내뱉으셨던 말. "나 이제 절대로 안 살 거야."라고 선언을 하신다. 그러다 다음번에 옷 사 오신 거 보고, "머 안 산다면서." 하고 놀리면, "야, 내가 이 나이에 이 정도도 못 사고 살아야 하니?" 하며 대꾸하신다. 뭐라고 하려는 것보다 그저 엄마의 선언에 대해서 각인시켜 드리려 했을 뿐인데. 그러고 보니 나는 완전 엄마랑 닮은 꼴이다. 매번 이런 식으로 쇼핑을 반복하고 후회하고 그러고 합리화하고. 역시 피는 물보다 진하다. ㅎㅎ

## 2015. 10. 15.

산그림자 그림

사랑이는 미국에서의 유학 생활에 그런대로 잘 적응하고 있는 중. 감사하다. 영어로 수업 발표도 하고. 우선 수업을 듣고 따라갈 수 있는 능력이 대단하게 느껴진다. 본인은 아니라고 하지만. 아직 단풍이 들지는 않았지만 제법 가을의 모습으로 변해가는 호암산을 테라스에 앉아서 바라보며. 후식으로 황도와 사랑이가 직접 내려준 맛있는 커피를 마시며 해피타임!!! 꽃들과 함께 맑은 공기 마시며 사랑하는 함께하는 이 순간!

## 2015. 10 .20.

사랑이가 첫 시험에 95점을 받았단다. 다행! 이제 조금씩 자신감이 붙은 듯하다. 시진이는 쉬지도 못하고 일한다고 걱정. 세금 내랴. 좀 빠듯한가 보다. 시진아! 너의 고생이 훗날 너의 삶의 밑거름이 되리라 믿는다. 감사합니다. 바른 인성을 주셔서.

### 2015. 10. 25.~10. 27.

금요일에 시랑이가 모처럼 연가를 내서 2박 3일로 오색온천행! 운전은 내가, 호텔비며 기타 비용은 시랑이가. 오랜만에 원거리 운전하려니 약간 긴장이 된다. 오후 2시 반 경에 숙소에 도착하여 짐 놓고 왕복 2시간 정도의 산행. 아름다운 단풍을 보며 와~와~ 하며 모처럼 아름다운 풍경을 즐겼다. 시랑이도 매우 흡족해하며 함께 해피한 시간! 온천 후에 바나나 우유를 마시고 있는데 우연히도 큰언니네 친구들 모임도 숙소에서 딱 마주쳤다. 스페인 여행을 함께 했던 언니들의 낯익은 모습. 시랑이 이쁘다며.

### 2015. 10. 29.

사랑이가 이번 시험에서 수석(100점)을 했단다. 와, 감사합니다. 사랑이와 화상통화로 밀린 얘기를 나눴다. 역시 임용고사 준비했던 것이 많이 도움이 된 듯. 한국에서의 자격시험이 아마 세계적으로 치열할 듯. 제 페이스를 잃지 않고 열공하며 요리도 해가며 잘해 나가니 대견하고 뿌듯하다. 시진이가 열심히 생활하는 모습이 대견하면서도 물질적으로 팍팍 도와주지 못해 안쓰럽지만, 자신의 힘으로 일어서려는 시진이에게 응원과 믿음을 보내며 기도로써 마음을 달래볼 수밖에.

### *2015. 11. 24.*

　시진이와 통화. 화려하지는 않지만, 묵묵히 내공을 쌓으며 지내온 시간이 헛되지 않기를. 타고난 아니 주신 재능을 서서히 열매 맺기를 두 손 모아 기도해 본다. 때가 되었기에. 기다리는 과정에 안타깝기도 했으나 하나씩 하나씩 여물어 가는 모습과 마음가짐이 기특하고 고맙다. 감사합니다! 항상 제게는 감사함으로 넘칩니다.


### *2015. 11. 25.*

　사랑이는 절친인 써니네가 라구나에서 멋진 점심을 사줬다고 한다. 사진으로 보았는데 멋지다. 엄청 비싼 드레스를 엄청 싼 가격에 구입했단다. 웨딩드레스로 적격이라고. 엷은 살구색 드레스인데 잘 어울린다. 열심히 공부하면 써니 엄마께서 강의 자리도 알아봐 주신댔다며. 그래! 네게 주어진 기회 열심히 하렴!

> ♥ 엄청난 세일가로 물건을 사고 엄청나게 행복해하는 것은 엄마를 빼닮았다. 이럴 때마다 피가 물보다 진한 것에 소름이 돋을 정도이다. 일기장에 엄마가 우리의 반려자를 위한 기도 내용을 쓴 걸 보고 놀랐다.

> 겉으로는 결혼하지 않아도 자유롭게 하고 싶은 거 맘껏 하고 살면 된다고 말씀하셨는데. 쓸데없는 일은 없다지만, 당시 웨딩드레스 할 거라고 사두었던 드레스는 아직도 장롱 안에 보관되어 있다. 언젠가 빛을 볼 일이 있으려나?

### 2015. 12. 2.

시진이가 사무실(한의원)을 차렸다고. 단골 미용실 공간 한쪽을 나눠서 마련한 자리. 울컥해진다. 기특하고. 시작은 미미하나 끝은 창대하리라! 그동안 열심히 고생했음에, 하늘로부터 받은 재능을 보여줄 기회가 왔음에 감사! 조급해 하지 않고 여유 있게 기다려 준 시진이가 고맙다. 신사임당은 용이 안으로 들어오는 꿈을 꾸고 율곡 선생님을 낳으셨다는데, 나는 또렷이 기억하기를 거대한 코끼리와 풋고추밭이 나오는 꿈을 꾸고 시진이를 낳았다. 환자의 마음을 따뜻하게 어루만지는 신뢰받는 한의사가 되기를. 시진이의 손길이 부드러운 것은 알지만. 그리고 좀 더 경제적으로 윤택해지기를. 가족의 사랑에 용기를 얻고 자신감을 가지고 먼 이국땅에서 생활해야겠지. 럭키 걸인 사랑이 누나가 따뜻한 식사도 만들어주니 시진이의 전성시대네. 그러다 기반이 잡히면 착하고 마음 따뜻하고 지혜로운 배우자도 만났으면.

우리 자식들, 좋은 배우자 만나기를 매일 기원합니다. 기다릴게요. 하느님!

> ♥ 시진이는 한의사가 되기까지 길고 긴 여정을 지났다. 한국 대학에서 한약학을 전공하다가, 미국으로 넘어가서 한의학과에 편입하고 지금에 이르기까지… 엄마는 시진이를 묵묵히 지켜봐 주고 기다려 주셨다. 엄마에게 얼마나 감동을 주는 순간이었을까? 시진이의 달란트는 친할머니 쪽 가족에게서 물려받았다. 친할머니의 집안은 제주도에서 대대로 한의원을 운영해 왔는데, 박영효가 유배 갔을 당시, 할머니 집에서 머물게 했을 정도로 한때는 경제적으로 윤택했을 정도였단다. 유전자의 힘은 강하다!

### *2015. 12. 5.*

오늘 미국 아이들이 바하 콘서트를 간다고. 클래식 음악에 심취한 시진이의 취미는 남편을 닮은 듯. 보내온 사진 속의 거대한 크리스마스트리 앞에 성장(?)한 남매의 모습이 보기 좋다. 모처럼 정장한 시진이도 의젓하고, 슈트가 잘 어울리네. 그이에게 처음으로 그간의 사정 얘기를 했다. 너무나 현실을 모르는 것 같아. 심심해서 복권을 하는 목

적이 결혼을 앞둔 조카 연수의 결혼 선물 때문이라니! 도대체 자기 아들에게 경제적으로 도와줄 생각은 안 하는 것에 흥분했으나, 사정을 모르는 탓도 있기에 밀렸던 얘기를 해주었다. 그래도 그동안 스스로 자립해 준 자식들이 기특하고 믿음직스럽다.

♥ 할머니 발인 때 아빠가 연수 차 안에서 크게 실례했던 사건 이후로, 아빠는 연수에게 마음의 빚이 생기셨던 것 같다. 수입이라고 해 봤자, 적은 연금과 자식들에게 받는 용돈 정도. 목돈을 가질 수 있을 거란 막연한 기대에 복권을 사곤 하셨는데, 엄마는 그런 아빠를 보며 심심풀이로 하는 취미 정도로 생각하셨더랬다. 아빠는 그동안 엄마가 혼자 속으로 끙끙 앓으며 시진이 뒷바라지해 온 걸 진정 모른단 말인가? 복권 구매의 목적이 시진이가 아닌 연수를 위해서라니. 이럴 때마다 엄마는 아무것도 모르고 그저 속 편해 보이는 아빠가 얄미웠을 것 같다

### 2015. 12. 6.

미국 아이들과 영상통화. 좋아진 표정의 시진이를 보니 반갑다. 이케아에서 전등, 책장, 돼지 인형도 사서 꾸미고, 시진이 병원에 매트를

옮기고 난 자리에 소파도 옮기고 한 영상을 보여주었다. 잘 지내는 모습이 항상 감사하다.

### *2015. 12. 8.*

남에게 약한 모습을 보이지 않기로. 그것은 친구 사이도 마찬가지다. 인간은 이기적이기 때문. 내가 느끼고 생각하는 범위 안에서 서로 교류한다. 부모 자식 사이, 부부 사이 기타 등등. 서로 통하면 인연, 불통이면 악연. 내 마음처럼 알아 달라기도, 기대하지도 말자. 담담히 흥분하지 말고, 순리대로 감사하며 살자. 상처받지 말고.

### *2015. 12. 9.*

사랑이는 어려운 숙제를 통과했다고. 잘 적응해 주어서 기쁘다. 자기 할 일들을 알아서 해주니 뿌듯! 그이와 오가는 단어에 문제가 많다. 과격한 단어가 오가고 퉁명스럽게 받고, 서로가 문제다. 참 미묘하고 예측하기 힘든 상황이다. 그래도 조심해야지.

## 2015. 12. 14.

점심 후 은행 마트에서 사과, 감, 키위, 고기, 갈치 등 쇼핑. 갈비찜, 잡채 등 내일(12. 15.) 시랑이 생일상에 올릴 반찬 만들고 재료 준비. 모처럼 하니까 번잡하다. 옛날에 그 많은 음식을 어떻게 해왔을까? 사랑하는 딸의 생일이라 좀 반찬을 했을 뿐인데. 그이가 시랑이 주라고 6만 원을 건네준다. 마음은 얼마나 굴뚝같을까? 애잔하다. 한 번쯤 복권에 당첨되어 호탕하게 돈을 쓰는 그이의 모습을 보고 싶다.

## 2015. 12. 17.

올해 들어 최고로 춥단다. -6도. 바람이 부니 체감온도는 더 내려가겠지. 먼 옛날 시골 학교에 근무할 때 생각이 난다. 기모가 다 뭐야. 얇은 살색 스타킹에 구두 신고 산골바람 맞으며 출근했었지. 그땐 -15도까지 내려갔고 언젠가는 버스가 고장 나서 십리 길을 걸으며 가다가 너무 추워서 울었던 기억이 난다. 점점 적응력이 약해지나 보다. 춥다! 춥다! 춥다 하며! 드디어 사랑이가 1학기를 무사히 마쳤다. 먼 타국에서 때론 앙알대더니. 그래도 절친인 써니, 시진이가 함께 있어 그나마 미국 유학 생활에 적응이 수월했으리라! 기특하고 감사하다!

## 2015. 12. 19.

연수의 결혼식. 시랑이와 결혼식장에 갔다. 벌써들 와 있고. 고모들과 둘째 동서 다 한복 차림. 나만 아니어서 좀 뻘쭘했다. 상견례도 그이가 몸이 불편해서인지 둘째 고모네가 대신 나갔다고 들었는데, 그래도 엄연히 내가 큰집 며느리인데 미리 물어봤어야 하는 건 아니었는지. 이럴 땐 평소 예의 차리던 시동생이 이해가 안 간다. 암튼 둘째 고모가 집안 어른인 행색을 하고 나와 시랑이를 데면데면 못 본 체하는 거 같아서 기분이 영 안 좋았다. 집에 돌아오면서도 내내 마음이 찝찝했는데, 내가 느낀 대로 시랑이도 그렇게 느꼈다는 말을 듣고 나도 모르게 무시당한 것 같아 소리 내어 울며 분개했다. 괜히 잘 다녀왔느냐는 아무것도 모르고 있는 그이 앞에서 "당신이 그러니까 날 무시한다고!"라고, 화풀이하며 울면서 방으로 들어갔다. 쌓인 분노와 서러움이 폭발. 이렇게 흥분해 보기는 처음이다. 시랑이가 열심히 동조하며 위로해 주었지만 좀처럼 마음이 삭혀지지 않는다. 이들과는 만나고 싶지 않고 만날 필요도 없음을 다시금 느낀다. 방학 중이라 라스베스 여행을 다녀온 사랑이와도 카톡으로 전화하며 고모들을 같이 씹었다. 사랑이가 법륜 스님의 말씀 한마디를 해주었는데, '누가 한 말, 행동으로 내가 지금 괴롭다면 그 말을 쓰레기라 생각하고 바로 버려라!' 쓰레기를 맘속에 오래 간직하는 바보가 되지 않아야지.

## 2015. 12. 29.

오! 예! 오래 기다렸던 미국 소포가 도착! 시진이가 손수 만든 공진단과 사랑이가 사준 귀걸이다! 포장도 멋있고 시진이가 만든 정성을 생각하니 뿌듯하다. 큰언니한테도 5개 챙겨 드려야지. 시진이에게 고맙다고 전화했다.

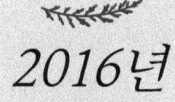

## 2016년

## 2016. 1. 4.

카톡이 자주 오던 사랑이한테서 연락이 안 오니 불안하다. 그럴 땐 군대 보낸 부모님, 혼자 배낭여행 떠난 부모님 심정을 생각하며 기도로 위안했다. 이 새가슴을 어찌할꼬? 이럴 땐 무덤덤한 어미가 되고프다. 지켜봄이 얼마나 어려운 일인지. 그리고 아무것도 할 수 없는 무능함. 어떤 힘에 의해 주어진 일을 받아들여야 한다는. 다행히 부모님으로부터 〈긍정의 힘〉을 받았음에 다시금 감사드린다. "감사합니다!" 언니 만나서 며칠 동안의 얘기 나누다. 견물생심을 조절하기 위해 참새 방앗간인 옷 매장을 피하려고 에스컬레이터 대신 엘리베이터로 곧장 내려왔다. 성공!

## 2016. 1. 5.

기다리던 사랑이에게서 카톡이 왔다. 거대한 나무 사이에 서 있는 시진이 사진. 멋지고 고즈넉한 산장(숙소). 무사히 즐거운 여행이라는 말에 감사함이 절로 인다. 사랑이가 시진이 유학 초기 시절 새코이아에 혼자 왔었던 일화를 쫑알쫑알 얘기해주었다. 그때는 산장에 가서 숙박비를 물어보고는 돈이 없어 (그 당시 100불 정도) 차 안에서 춥게 잤는데, 이번에는 호사롭게 산장에서 잔다며. 이 아드님은 가끔 놀

거대한 메타세쿼이아 나무

랠 일을 한다. 좋은 기운을 받겠다며 낡은 차로 8시간이 넘게 운전해서 새도나에 혼자 갔던 적도 있었는데, 그때도 야외에서 침낭에 들어가 혼자 잤다고. 산짐승들이라도 나오면 어쩌려고. 그런 거 보면 담력도 있어 보이고. 스스로 자기 일을 개척하고자 애쓰는 아들. 난 그저 두 손 모아 기도할 뿐. 사랑이는 올 A를 받았다고 기뻐했다. 기특!!! 기어코 해내는구나. 처음엔 과목 통과가 목표이더니 원하면 이루어진다? 낯선 곳에서 열심히 적응하고 공부한 결과. 아직 세 학기나 남았지만 좋은 출발이다.

### 2016. 1. 8.

사랑이와 카톡으로 수다를 떨고. 외롭다는 딸에게 멋진 남친이 생겼으면. 눈 좀 붙이고 나서 〈나이아가라〉 영화 감상. 한 번은 시랑이랑, 한번은 사랑이랑 두 번 다녀왔네. 복도 많지유? 다녀왔던 추억을 곱씹으며 보니 좋았다. 영화 속에 나오는 물보라를 보니 그때의 추억이 떠올랐다. 사랑이와 밤의 나이아가라를 보며 바에서 칵테일을 마셨던 추억. 인생은 추억 만들기. 난 딸들, 아들과의 추억이 유난히 많은 행복한 여인이네.

### 2016. 1. 10.

미국 시간으로 오늘은 시진이의 생일(1월 9일)이다. 다행히 사랑이가 누나로서 황태 미역국, 잡채, 가자미구이로 한식 생일상을 차려 줬다며 우리 누나 최고라고 칭찬한다. 사랑이 편에 생일 축하금도 송금하여 전달하고. 꼭 성공해서 은혜 잊지 않겠다는 시진이의 답변. 열심히 생활하려는 자세만으로도 기쁘다. 그저 감사함뿐이다.

포시즌( G 초등학교 선생님 모임)에 나갔다. 다들 손주 보느라 어깨가 아프고. 에고. 자식들에 대한 이 AS는 언제 끝나나? 나는 아직 겪지 않았으나 참 거절하기도 어려운 일이겠지.

### 2016. 1. 13.

계속 추운 날씨. 모처럼 언니를 H 백화점에서 만나 5층 옷 매장에 들러 가벼운 코트를 구입. 후회 안 하고 잘 입으면 되지 뭐~. 그냥 나에 대한 보상이 필요하다. 이것조차 못하면 서글퍼지기에. 집에 와서 뒤 베란다에 스티로폼 벽돌 타일을 붙였다. 이럴 때는 쌕쌕이가 따로 없다. 발이 시린지도 잊은 채. 그이 말대로 이러다 몸살? 그래서인지 찌르르 치통이 스친다. 나의 가장 예민한 곳. 사랑이와 카톡 통화 중, 시진이가 하루 종일 두문불출한다는 얘기가 맘에 걸린다. 아직 한의원 홍보가 덜 되었나 보다. 안쓰러움이 한가득. 어쩌겠나? 이제 제 인생의 주인공인 것을. 두 손 모아 기도해 본다. '하나님! 항상 먼 미국에서 보살펴 주심 감사드립니다. 주님께서 주신 재능을 꽃피울 기회 주심 감사드리며 새로 시작하는 일이 잘 될 수 있도록 축복 주시고 인내와 격려 주시며 항상 건강하게 안전운전 할 수 있도록 보살펴 주소서! 감사합니다!'

### *2016. 1. 16.*

큰언니 생신이다. 시랑이랑 함께 큰언니 생일 축하 점심을 먹었다. 오랜만에 코스 요리 먹고 축하금도 전달하였다. 흐뭇해하시는 언니를 보니 나 또한 행복하다. 언니 말대로 네 자매이지만 결국 언니와 나만이 함께할 수 있기에 더욱 돈독해지는 관계다. 함께하니 외롭지 않고 마음의 위로가 되고~. 서로 건강하게 오래오래 함께하고 싶다.

♥ 네 자매 중에서 큰이모와 엄마의 관계는 특히 돈독하다. 엄마가 아기였을 시절, 큰이모는 엄마를 둘러업고 먼 피난길을 떠나셨다고 한다. 쪼그만 아기가 배가 고파서 힘도 없었을 터인데, 어디서 들었는지 '공비토벌가'를 소리내어 부르는 걸 보고는 사람들은 신기해하며 먹을 것을 주곤 했단다. 이모는 엄마의 노래 재능은 그때부터 나타난 거라며 농담조로 말씀하셨다.

이모는 서울의 명문 고교에 입학하시면서부터 서울에 계시는 작은아버지 집에서 신세를 지며 사셨는데, 그때의 눈칫밥 먹었던 경험과 궁핍했던 삶이 인생에서 지우고 싶을 정도로 몸서리치게 싫으셨다고 한다.

그런 없는 살림 속에서도 친가에 내려올 때면 어린 동생인 엄마를 위해 예쁜 옷을 선물로 마련해 주셔서, 엄마는 이모가 서울에서 내려오는 날을 손꼽아 기다리곤 하셨단다. 이모가 사준 옷을 입고 학교에 나갈 때면 친구들한테서 듣는 예쁘다는 칭찬에 엄마의 어깨가 한껏 올라가 으쓱했었다고. 지금 이모는 그때 그 시절에 대한 보상인지 원 없이 여행도 쇼핑도 즐기실 정도로 여유롭고 멋진 삶을 살고 계셔서 그런 언니의 삶을 지켜보며 엄마 또한 행복해하셨다.

### 2016. 1. 17.

　사랑이와 2시간여 영상통화. 사사로운 수다로 그리움을 풀고. 이쁜 살구빛 웨딩드레스를 세일해서 200불 대로 득템했다고~. 저번에도 사지 않았냐고 물으니, 이건 애프터파티를 위한 거라나? 그나저나 멋진 신랑만 있으면 OK?

　시진이는 이것저것 바쁜가 보다. 새로운 일에 적응하고 자리 잡으려면 많은 시간이 필요한 것. 성품이 침착하고 느긋한 점이 있지만 본인은 마음속으로 얼마나 이것저것 심란할지. 넉넉한 자금도 없고. 아무튼 마음이 애잔하다. 스스로 자리 잡도록 마음으로나마 열심히 기도해 본다.

### 2016. 1. 20.

　시진이가 본격적으로 진료실을 재정비하나 보다. 대화 중에 스스로 해보려는 자세가 뿌듯하다. 자꾸 약한 맘이 들어 "내가 해줄게"라는 생각이 들었으나 법륜스님 말씀 중 "제발 자식을 망치지 마세요. 일어서려 하면 붙잡아 앉히고 그래서 스스로 자립의 길을 꺾어 버리는 우매한 행동을 하지 말라"는. 그래! 한번 스스로 해보렴. 네 말대로 편안하고 쉬우면 긴장이 풀려 최선을 안 한다고. 응원한다, 아들!

## 2016. 1. 23.

시진이는 계속 바쁘게 움직이는 모양. 반찬이라도 따뜻하게 준비해 놓는 누나가 있어서 다행이다. 누나가 있는 동안 자리 잡기를 간절히 기원해 본다. 사랑이는 맘에 드는 남자 만나 그곳에서 결혼하기를 기원하고. 시랑이도 맘에 드는 반려자 만나기를 항상 기도해 보는데. 하느님께서 꼭!!! 들어 주실 거야.

## 2016. 1. 25.

추위에 온 세계가 난리. 제주도에 발이 묶여 있는 많은 사람들. 세계 강국인 미국도 자연재해 앞에선 꼼짝 못 하다니, 자연의 힘이란.

스스로 자립하려고 하는 시진이. 그래, 한번 차근차근 해 보렴. 마음을 다잡고 지켜보기로. 상담 겸해서 신년 운세 보러 잠실 아줌마를 찾았다. 시랑이는 모처럼 편안한 시기, 사랑이는 인연을 만날지도, 시진이는 기초를 닦아 점점 발전하고, 나는 완벽한 사주라나? ^^ 듣기 좋은 얘기는 힐링이 된다. 정말 감사하며 살아야지. 시진이의 기댈 언덕은 나인데. 스스로 해 보다가 정 힘들다고 하면 내가 좀 기댈 언덕이 되어 주면 좋을 텐데.

♥ 집안에 대소사를 결정할 일이 있을 때나, 마음이 심란할 때면 엄마는 잠실에 사주를 보러 가시곤 했다. 실제로 언니가 사법고시를 볼지, 내가 회사를 관두고 임용고시를 봐도 되는지, 시진이를 미국으로 보내야 할지 등 잠실 아줌마의 조언대로 어느 정도 가닥이 잡혔던 적이 많았다. 엄마는 잠실 아줌마의 이야기를 맹신하기보다는 고민이 있을 때 아줌마에게 솔직하게 속마음을 털어놓으며 상담받으며 그 자체로 힐링 받지 않았나 하는 생각이 든다. 엄마는 투병하시는 동안 정작 본인의 문제에 대해서는 잠실 아줌마에게 의지하는 대신 기도에만 매달리셨다. 엄마가 돌아가신 뒤, 마음이 너무 황량했던 언니와 나는 오랜만에 잠실 아줌마 생각이 나서 찾아갔었다. 엄마의 부고 소식을 전해 들으시곤, 한동안 말씀이 없으실 정도로 충격을 받으셨더랬다. 엄마를 정말 존경했다고 모성애가 강한 훌륭한 엄마였다며 우리가 미처 몰랐던 엄마의 이야기를 전해 주셨다.

엄마를 소중히 생각해 주는 주변 사람이 있다는 사실에 많은 위로를 받을 수 있었다. 엄마는 사랑받고 사셨구나. 감사했다.

## 2016. 1. 27.~1. 28.

　Day 1, 수요일, 10시 출발 전주행! 2번째 한옥마을 체험. 전주에 도착하여 떡갈비와 비빔냉면을 점심으로 먹고 조그마한 한옥 숙소에 도착. 어휴! 조그만 방이네. 그런대로 화장실도 깨끗. 짐을 풀고 근방 투어에 나섰다. 쭉 내려가서 전동성당과 경기전 보고 눈밭도 걸어보고. 전동성당에 가니 고등학교 시절 추억이 떠오른다. 신부님 방 청소 당번이었을 때 크리스털 용기에 담겨 있던 건포도가 아직도 눈앞에 선연하다. 몰래 먹으면 왠지 벌받을 거 같아서 먹고 싶다는 욕구를 참았다. 흔하디흔하게 사 먹을 수 있는 건포도가 그 시절엔 어찌나 귀하디귀한 것이었던지! 저녁은 S 학교 방문. 나의 모교다! 몰라보게 변한 모교다. 나의 소녀 시절! 그리운 선생님들과 벗들! 그 앞의 칼국수 집. 그 앞의 칼국수 집에서 유자차 마시며 시랑이와 담소 후 숙소로 복귀하여 씻고 할 일 없어 일찍 잠을 취하려 했으나 너무 추워서 계속 뒤척였다. 다시는 한옥 체험 안 할래. 역시 따끈한 온천이 있는 곳이 좋다.
　Day 2, 담날 콩나물국으로 아침 식사 후 고속버스 타고 서울로 돌아왔다. 또 하나의 추억을 쌓았네!

♥ 엄마랑 미국 캘리포니아 지역 여행 중에 나파밸리의 한 와이너리에 들렀던 적이 있었다. 건포도가 유명한 기념품 중 하나였는데, 엄마가 건포도를 사길래, 흔하디흔한 건포도를 굳이 왜 사냐며 핀잔을 줬더랬다. 엄마는 자기 학창 시절엔 귀하디귀한 거였다고 말씀하시며 행복해하시며 한 움큼 입안에 넣으셨더랬다. 게다가 캘리포니아에서 직접 먹는 건포도라니. 엄마한테는 소중한 추억을 가진 유의미한 간식거리였구나.

### *2016. 1. 29.*

사랑이는 미리 여름 방학 여행 계획을 세우느라 바쁜 듯. 그 재미지 뭐. 기다리는 설렘. 나와 함께할 시카고 여행과 바하 크루즈 예약은 마쳤다고.

♥ 여름 방학 중 엄마가 방문하신다고 해서 모녀 여행을 위해 예약하느라 바빴다. 공부 따라가느라 바쁘지만 역시 놀기 위해서 준비하는 과정은 즐겁다. 엄마가 내 생일 선물로 바하 크루즈 여행을 시켜 주신다고. 내 생애 최초의 크루즈 여행~ 덕분에 로망이었던 크루즈 여행을 시작한다니 설렜다.

## 2016. 2. 1.

전날 꿈에 시진이를 애타게 찾는 꿈을 꿔서 통화를 했다. 새로 재정비해 문을 연 〈Y 한의원〉. 정상적으로 운영되기까지의 과정을 잘 견뎌주기만을 기도할 수밖에. 긍정적이고 성실한 삶의 자세가 기특하고 고맙다. 사랑이는 여행 스케줄 세우느라 바쁘고 행복한 듯.

## 2016. 2. 3.

오늘은 청춘열차를 타고 시랑이와 춘천행!
청춘은 아니지만 청춘처럼 설레는 마음으로. 오랜만에 기차를 타니 설레고 행복하다. 난 쉽게 행복을 찾는다. 감자튀김을 케첩에 찍어 먹으면서. 시랑이는 나더러 소녀 감성이라고. 행복은 자신이 만들고 자신이 느끼는 것! 이런 소소한 추억들이 소중하고 행복! 가평역에 도착하여 15분 정도 걸어서 닭갈비 시식. 숯불에 구워 먹는 맛이 좋다. 깻잎에 싸 먹으며. 막국수는 한 그릇 나눠 먹고 마침 그이가 애타게 찾던 양구 시래기를 팔고 있어서 샀다. 집에 오니 막내 고모 내외가 왔다 갔다고. 수요일마다 내가 없으니 의아(?)했겠다. 또 딸과의 소중한 추억의 장이 기록된 하루. 감사합니다.

> ♥ 엄마를 통해 나이와 '청춘'에 관한 생각을 많이 하게 된다. 영화 <은교> 중에 나왔던 노교수가 한 "젊음"에 관한 한 명대사가 떠올랐다.

### 2016. 2. 4.

　어제는 환율 걱정이 꼬리를 물어 잠이 안 와 멜라토닌 1알을 먹고 우유도 데워 마시고 잠들려고 용을 썼다. 그러다 꿈도 꾸며 비몽사몽 잠이 들었다. 가끔 어떤 걱정이 들면 이렇게 잠을 설친다. 작은아빠가 과일, 햄 세트를 가지고 와서 함께 점심을 먹었다. 이 얘기, 저 얘기. 주변에 참 잘해주는 사람인데 나중에 자신의 기대치에 못 미치면 어떨지. 차례를 지내라고 50만 원을 주셨다. 시진이의 진료실 사진을 보여 주었다. 장손이 무시?당하는 것 같아서. 세월이 흘러 자리를 잘 잡았으면 좋겠다. 사랑이와 카톡으로 수다를 떨었다. 장손 시진이가 잘 자리 잡아야 한다고. 어쨌든 시동생도 조카보다야 자기 자식이 소중하겠지. 사랑이 말대로. 그래도 왠지 섭섭한 마음이다. 우리 가족끼리 잘 다독이며 격려하며 노력해야지. 스스로 하려는 자세가 뿌듯하다고 생각하련다. 독립심이 투철하셨던 조부님의 피만 이어받는다면. 아빠도 누나들도 나도 누구 덕 보려고 하는 스타일은 아니니. 시진아, 파이팅! 잘될 거야!

## 2016. 2. 8.

설날이다. 어제 잠을 설쳐서 몸이 뻐근하다. 그래도 일어나야지. 쌀을 안치고 이것저것 준비. 부산 식구(막내 작은아빠네)들이 온다고 해서 음식을 많이 했는데, 어쨌든 차례를 지내고 나니 큰며느리로서 할 일을 다 한 느낌. 시랑이가 가녀린 손으로 살망살망 잘 도와준 덕분에 수월했다. 어제 못 잔 잠을 보충하러 잠시 눈을 붙였다. 연수네가 시댁에서 직접 추수한 이천 쌀 20kg를 들고 신랑이랑 집에 방문했다. 근데 연수가 얘기하는 이야기는 전에 작은아빠가 나한테 들려준 내용과 완전 반대다. 굳이 우리에게 숨길 필요가 있나? 정반대의 행동을 하네. 연수의 이야기가 진실인 걸까? 점점 실망이 되네. 중심을 잘 잡고 휘둘리지 말아야겠다. 앞으로 무슨 얘기를 하면 듣기만 해야지. 맞장구쳤다가는 곤란한 일이 생길 수도. 덤터기 쓸 수도. 이제 미련을 버리고 시동생이 그쪽 식구들과 잘 지내기를. 오히려 홀가분하다. 이젠 시동생에게도 든든한 사위가 생겼으니. 사랑이와 카톡 전화로 수다 삼매경. 기술의 발전이란 게 참 신기하다. 조그만 기계 하나로 저 멀리 미국에 있는 딸과 수다를 떨 수 있는 세상. 그래서 그런지 외로움과 허전함이 덜하다.

♥ 작은아빠는 가끔 형님께 인사드릴 겸 집에 올 때면 엄마한테 하소연하시곤 하셨다. 그도 그럴 것이 엄마는 작은아빠의 이야기를 잘 들어주며 맞장구도 잘 쳐주는 존재였다. 일찍 명예퇴직을 하고 경제생활에서 멀어진 아빠와 달리 작은아빠는 사업 수완이 좋으셔서 당시에도 왕성한 경제활동을 하고 계셨다. 사람의 마음이란 게 참. 엄마는 가끔 시진이나 형님 용돈을 주시는 작은아빠께 고마워하면서도, 한의원 경영에 허덕이는 시진이를 위해 목돈을 마련해주지 못하는 아쉬움이 늘 컸던 탓에, 경제적으로 여유롭던 작은아빠가 장손을 위해서 크게 투자(?)해주지 않는 점이 못내 서운하시기도 했던 것 같다. 엄마가 속마음을 털어놓으실 때마다 나나 언니는 엄마의 경제적 부담을 덜어드리지 못하는 점이 속상했다.

### *2016. 2. 10.*

포근한 날씨. 그이가 시진이 얼굴 보고 싶다고 하여 영상통화. 대화의 이야기는 뻔한 내용이지만 화면으로 얼굴 보며 안부 전할 수 있는 요즘의 과학기술이 신기하고 그저 감사. 얼굴도 좋아 보이고 그이와 달리 목도 굵어 좋아 보이는 인물에 뿌듯. 그이는 새로 연 진료실에 환자가 아직 많지 않다는 사실이 마음이 쓰이는 듯. 다 과정이 있고 시간이 해결해 주는 것. 내일 오색온천으로 여행을 떠나니 그이 음식 차려야지.

### 2016. 2. 11.~2. 14.

  Day 1, 버스 타고 지하철로 강변역까지 이동해서 10시 오색온천으로 떠나는 버스를 탔다. 인제→ 원통→ 오색 등산로에서 하차. 통나무집에서 시랑이랑 정식. 절을 지나 두 다리까지 걸었다. 간단히 저녁 먹고 온천. 아~ 시원.

  Day 2, 느긋하게 기상해서 아침 온천/ 이모네서 황태 해장국/ 비가 내려 우산 받치고 절까지 걷기 - 속초행 버스를 타고 대게집으로/ 시랑이가 29만 원짜리 킹크랩을 쏘다/ 너무 양이 많아 나머지는 포장해 옴/ 택시타고 양양까지/ 숙소해 돌아와 포장해 온 킹크랩 먹고 다시 온천으로 하루 마무으리/

  Day 3, 아침 온천/ 아침은 청국장 정식 - 조미료를 안 썼다고 그런지 음식 간이 밍밍/ 무서울 정도의 자욱한 안개/ 속초에 가서 생선구이 / 빵집에서 커피랑 케이크 먹으며 느긋하게 대화시간 / 오후 4시에 숙소로 돌아와 짜장면 맛 컵라면으로 저녁 때우고 온천

  Day 4, 아침은 호텔 뷔페/ 모처럼 눈이 내린다 / 온 세상이 하얀 세상이다. 짐 챙겨서 10시 50분발 서울행 금강 고속버스, 다행히 날

이 춥지 않아서 기다리는데 별로 힘들지 않았다. 동서울 터미널에 도착하여 늦은 점심/ 지하철 타고 집으로/ 타임머신 타고 돌아온 기분. 그이가 며칠 동안 잘 챙겨 드셔서 다행. 이것저것 정리하고 빨래 돌리고. 시랑이와의 소중하고 아름다운 추억의 앨범을 가슴에 간직하며. 시진이가 하는 진료실이 자리 잡을 때까지 좌절하지 않고 잘 버텨주기만을 기도할 뿐. 최선을 다하나 미래는 아무도 모르는 일이기에. 시진아, 늘 새롭게 마음 다잡고. 힘내라!

### *2016. 2. 15.*

오늘은 추위가 있는 날. 시랑이가 오늘도 쉬기 때문에 느긋하게 아침맞이. 미국은 일요일이라 모처럼 사랑이와 통화. 베프인 써니가 다양하게 반찬과 부식을 주었다고. 다행. 시진이가 제시간에 식사를 못 해 비빔 소스를 싸 간다고 하니 안쓰럽다. 모처럼 한 발짝 용기를 내어 자신의 진료실을 마련했는데 아직 고객이 부족한 상태. 끈기와 용기를 잃지 않기만을 오늘도 기도한다. 그래도 느긋하게 대처하는 모습에 안심이 된다. 내일부턴 시랑이가 1년 동안 다닐 연수원에 첫 출근을 한다. 나도 시랑이 없이 잘 지내봐야지. 빨리 연수원 휴가가 오면 좋겠다. 시랑이랑 여기저기 여행도 다녔으면.

## 2016. 2. 17.

시랑이는 연수원 오리엔테이션으로 용인으로 2박 3일 머문단다. 왠지 허전하다. 스산한 창밖 풍경을 보며 생각에 잠기는 여유. 그건 외로움일까? 아님 그저 명상일까? 그냥 흘려보내는 시간일까? 왠지 허전한 마음에 사랑이와 카톡했다. 공부하느라 힘들겠지. 점심에 큰언니랑 만나 형부 생신 선물로 축하금 드리고 식사하고 왔다. 좀 약소했나? 걱정했는데, 언니가 과용했다는 연락을 줘서 좀 안심이 되었다. 시랑이가 숙소도 좋고 음식도 괜찮다는 문자를 보내와서 다행이다.

## 2016. 2. 19.

오랜만에 큰언니랑 데레사 언니랑 H 백화점에서 점심 식사. 일본 여행을 계획하셔서 함께 가자 하셨는데 난 사랑이, 시진이 보러 미국에 가야 하니까 사양. 오늘은 아무것도 쇼핑하지 않고 충동을 억제한 스스로에게 칭찬. 사랑이가 목이 아파서 시진이한테 침을 맞아야 한단다. 오랫동안 고개를 숙이고 공부하느라 힘들겠지. 시진이의 침을 맞고 쾌유하길 바랄 뿐.

♥ 목디스크가 심하게 와서 한동안 치료받느라 고생했다. 통증이 너무 심해서 운전도 못 하고 수업 시간에 앉아 있을 수도 없을 정도. 중간에 포기하고 한국에 돌아가야 하나? 할 정도였다. 왜 어른들이 학생들 보고 열심히 공부하라고 말씀하셨는지 이제야 깨닫게 된다. 늦공부는 신체에 무리가 가는 것이다. 엄마가 항상 강조하셨던 '제때 제 할 일'이란 말이 더 마음에 와닿았다. 다행히 곁에서 시진이가 한약과 침 치료를 지극정성으로 해줘서 고마웠다.

### 2016. 2 .20.

포근한 날씨. 은은한 음악을 들으며 샌드위치랑 커피 타임. 이 잔잔한 행복을 즐긴다. 말라버린 관음죽 이파리를 자르고 모처럼 잎사귀의 먼지를 닦아 주었다. 그 추운 날씨를 견뎌낸 식물들. 수국잎들도 뾰족하게 솟아나 살아있음을 보여준다. 'Happy Tree'야 죽으면 안 돼! 꼭 살아주렴. 줄기가 푸르른 것을 보니 살아날 수 있다는 희망의 메시지를 전해본다.

사랑이와 영상 통화했는데 긴 목을 오랜 시간 숙이고 책을 읽다 보니 목디스크가 온 것 같다고. 시진이에게 침도 맞고 살망살망 스트레칭도 하고 있다는데. 암튼 타지에서 건강해야 할 텐데. 여기 같음 당장 병원 가서 치료 받을 수 있는데. "사랑이를 잘 지켜 주세요"를 기도합니다.

### *2016. 2. 23.*

큰언니 만남. 어제도 만났지만 또 만나도 좋다. 모처럼 전주비빔밥으로 점심 후 자스민에 갔는데 텅 비었다. 대화 나눈 후 5층에 가서 언니는 예쁜 코트와 가방 구입. 난 목걸이와 털모자. 예쁜 옷을 봐도 이제 자제력이 생긴다. 미국 여행 가려면 아껴야 한다. 식품점이 있는데 누가 자꾸 날 보며 수군대는 눈초리. 그러더니 다가와서는 옷이 참 예쁜데 어디서 샀냐며 물어본다. 그래, 나도 가끔 맘에 쏙 드는 옷을 보면 궁금했었지.

### *2016. 2. 28.*

사랑이가 걱정이 되어 아침 5시 30분쯤 카톡을 해 봤더니 다행히 시진이랑 식사 중이다. 그곳은 점심시간쯤? 그래도 살살 움직이는 것 같아 좀 안심이 되나, 목디스크가 빨리 완쾌되기를 빌 뿐. 시진이는 일체 약도 안 된다며 침과 지압을 해주나 보다. 제발 영험한 손길로 효과 보기를.

작은아빠가 복튀김과 복지리를 듬뿍 사 와서 그이도 모처럼 맛있게 식사했다. 세심하게 생각해 준 마음씨가 고맙다. 식사 후 그이 운동화를 구하러 아웃렛 매장에 갔는데, 찍찍이가 달린 큰 사이즈를 구하는 게 쉬운 일이 아니나, 기적적으로 구했다. 기분이 좋네. 쇼핑을 끝내고 집에 오니 처음 보는 함박눈이 펑펑 내려 설경을 이루고. 베란다에서 본 설경 몇 컷을 찍어서 사랑이에게 보냈다. 눈에 대한 트라우마가 오늘은 없다. 왜냐구? 출퇴근 걱정거리가 없으니. 와~ 멋지다. 커피와 함께 마시며 감상!

### 2016. 3. 2.

사랑이는 친구들이 방문하여 약이랑 찜질팩이랑 점심을 사주었다며 카톡에 올렸다. 목디스크 상태가 조금은 나아져서 내가 부쳐준 멸치로 볶음을 했다고. 미국 생활을 시진이가 먼저 오래 했던 터라 오빠처럼 이것저것 훈계한다고. "감사하라요." 흐흐흐 그걸 받아들이는 사랑이도 착하고.

> ♥ 그 넓은 미국이란 곳에서 고등학교 동창이 두 명이나 살고 있다니. 그것도 자동차로 20분 내외의 거리에. 그저 우연이라고 하기엔 럭키한 일이었다.

## 2016. 3. 3.

오랜만에 시진이와 대화 나눔. 시진이가 자상한 성격이 있나 보다. 츤데레? 설거지도 하고 산소 공급에 좋다는 산세베리아 화분도 누나 방에 놔주고. 남편은 참 그런 면에 있어 둔한데 아무래도 시진이의 이런 면은 시아버님을 닮은 것 같다.

## 2016. 3. 5.

사랑이는 시진이랑 공원 산책하며 사진도 전송. 점차 좋아지고 있다니 다행. 감자전도 부치고 반찬도 만들고 있고. 수업도 두 시간 빠졌는데 담주부터는 정상으로 출석할 수 있기를 기원. 시진이는 선물로 아버지 드릴 운동화를 주문했다고. 미국에는 그이가 좋아하는 찍찍이(벨크로) 운동화가 큰 사이즈로 많이 팔아서 다행. 그이는 자기가 원하는 스타일에 확고해서 원하는 물건을 사주는 데 많은 제약이 따라 힘들다.

♥ 아빠는 강박관념이 심한 편이셔서 호불호가 확실한 분이셨다. 운동화는 반드시 찍찍이가 달린 스타일만 신으셨다. 발도 크신 편이라 한국에서 큰 사이즈 운동화, 게다가 찍찍이가 달린 운동화를 찾는 일이란

> 쉬운 일이 아니었다. 엄마의 부담을 덜어드릴 겸, 유학 시절 가끔 아웃렛 매장에 들르면 아빠의 운동화를 찾는 일에 몰두했었더랬다. 아빠의 까다로운 리퀘스트에 맞춰주셨던 엄마의 일상은 피곤했으리라.

### *2016. 3. 6.*

사랑이는 아직은 좀 무리하면 안 되는 컨디션. 그럼에도 사랑이 동생을 위해 3종 세트 밑반찬(멸치볶음, 황태채볶음, 진미채볶음)을 뚝딱뚝딱 만들었댄다. 미국에 가기 전에 시진이를 위해서 요리를 해주겠다며 백종원이 쓴 요리책을 가져갔었는데. 요리는 할수록 느는가 보다. 반면 나는 잡채(시금치, 당근, 목이버섯, 양파, 소고기)를 하는데 이제는 부엌에 오래 서 있는 게 피곤하다. 그래도 사랑이가 맛있게 먹으니 보람 있네.

### *2016. 3. 7.*

오랜만에 S 초등학교 교사 모임. 다들 모임도 많고 많이들 배우러 다니고. 다들 은퇴 후 여행도 폭넓게들 다닌다. 심지어 아프리카까지 계획을 하고. 난 당분간 배우는 게 내키지 않는데. 짝이 있어야 탁구라도 치지. 사랑이는 공원에서 휴식 취하는 사진을 보내왔다. 돌아오는 길에 사랑이 목디스크 치료에 도움되라고 수면 베개를 구입. 도착함 미국에 부쳐줘야지.

### 2016. 3. 10.

어제보다 더 쌀쌀한 날씨다. 바람이 불어 체감온도가 더 내려간 듯. 창문에 붙일 시트지를 재단했더니 아니 이럴 수가! 접착용이 아니다. 퐁퐁 물에 바르란다. 낑낑대며 몇 번 시도 끝에 붙였는데, 그럭저럭 밖에서 안 보이니 다행. 일에 한 번 feel이 꽂히면 바로 행동으로! 어제에 이어 나머지 화분에 꽃을 심어야 하기에 제라늄 화분 6개를 구입하고 시트지 비닐을 깔고 시작! 묵은 흙 버리고 80% 정리했다. 나머지는 다음에 해야지. 시진이가 보내온 운동화 도착. 때를 기다리며 성실히 노력하는 아들이 대견하고 고맙다. 사랑이는 아직 팔이 저린 듯하다.

### 2016. 3. 11.

밖은 춥고 바람이 분다. 테라스에 따뜻한 햇볕을 쬐며 점심을 먹고 커피를 마셨다. 음악을 들으며 여행기를 읽는데 캐나다 록키 장면이 나와 남편의 환갑 기념으로 딸들이 보내 준 록키 투어가 생각나, 지난 시간의 앨범을 찾아보았다. 사진상으로 훨씬 젊고 싱싱. 사랑이와의 미국 여행, S 초등학교 근무 때의 동료들과 함께 한 북해도 여행, 사랑이와의 일본 여행, 국내 여행 등. 참 많은 추억의 장이 펼쳐지며 과거로의 여행을 떠났다. 그땐 훨씬 날씬했던 몸매. 관리가 중요해. 용기를 내어 5단지 운동 코스를 걷는 것으로 하루를 마무리했다.

### *2016. 3. 15.*

 미국에 보낸 베개와 물건들이 도착했단다. 목디스크 완화를 위한 베개인데 사랑이에게 잘 맞아서 치료도 되고 숙면하기를 기원해 본다.
 다리 떨릴 때 떠나지 말고 가슴 떨릴 때 떠나라! 막상 여행지를 생각해 보니 용기가 없고 도전정신이 부족해서인지 선뜻 가고픈 데가 없네. 미국은 아이들이 있으니 천상 아이들과의 여행만을 꿈꾸는 나를 발견.

### *2016. 3. 20.*

 사랑이와 영상통화. 빡센 공부 스케줄에 힘든 데다 거기에 여전히 목디스크로 이중 고통. 그래도 주어진 일에 최선을 다하는 모습이 대견. 시진이도 사랑이도 정신 상태가 건전하고 성실해서 그것이 보석이고 재산이다.

### 2016. 3. 28.

사랑이는 시험 기간이랜다. 본인 말로는 투혼 중?

시랑이 데려다주고 커피를 내려 마신 후, 호압산 산림욕이 하고 싶어 나섰다. 오늘은 이어폰을 꽂고 음악(앙드레 가뇽)을 들으며 걸었다. 한 바퀴 돌고 오는 길에 햇볕이 잘 드는 벤치에 앉아 발도 벗고 일광욕도 했다. 걷는 중 너무 감사하고 행복하며 울컥 눈물이 났다. 이 시간, 이 맑은 공기를 마시며 걷는 행복, 감사하다.

*벚꽃이 흐드러진 호압사에서 바라본 전경*

## 2016. 3. 29.

언니를 만나서 간만에 백화점 쇼핑. 오! 왜 이렇게 내게 맞는 예쁜 옷들이 많은겨? 이것도 한때? 한창 아이들 키울 때 눈치 보며 옷을 사곤 했던 한풀이인가? 이제 눈치 볼 사람도 없으니, 사랑이 말대로 절대! 안 산다는 말을 말아야겠지?

♥ 친할머니랑 같이 살았을 때 엄마는 쇼핑하는 데 할머니 눈치를 많이 살피셨던 것 같다. 엄마가 출근할 때면 할머니는 엄마의 복장을 위아래로 훑어보시곤 하셨다고 한다. "니 엄마는 너무 사치스러워. 옷 자랑하려고 직장(학교)에 다니는 거야."라고 말씀하시던 할머니에게 어린 우리들은 한때 가스라이팅 당해서 엄마를 오해했었다.

크고 나서야 엄마의 억울함을 알게 되어 엄마에게 죄송스러웠지만. 자기 아들의 능력을 최대치로 보았던 할머니는 엄마의 맞벌이를 아빠의 경제적 부담을 조금이나마 덜어주기 위함이 아니라, 그저 심심풀이로 직장에 놀러 나가는 것쯤으로 여겼다. 시집살이의 혹독함이란...

## 2016. 4. 1.

모처럼 시진이랑 사랑이가 음악회를 간다고 했는데, 시진이가 체한 바람에 토하고 아파서 음악회를 결국 취소했단다. 여기처럼 금방 병원에 갈 수도 없고. 특히 병원이나 약을 싫어하는 시진이기에. 자기 몸 관리하면서 그동안 혼자 타지에서 어떻게 지냈나? 정말 하느님의 보살핌이 없었다면 어찌 되었을까? 감사, 감사기도를 드린다. 아프지 말기를. 옆에 사랑이가 죽도 끓여주고 보살펴 준다니 조금은 안심이 된다.


## 2016. 4. 2.

시진이가 많이 좋아졌다고 해서 다행. "하느님, 감사합니다!"
사랑이더러 잣죽을 끓여 주라 했더니 후딱 끓여 주었단다.


## 2016. 4. 6.

운동을 하고 있는데 그이가 빨리 오라고 연락을 해왔다. 덜컥하는 불안한 마음이 들었으나 침착하게 집으로 왔더니 전처럼 열이 펄펄

끓진 않고 토했다며. 다행히 그이는 잠이 들었다. 나는 떨리는 마음을 진정하려 청심환을 복용했다. 휴~ 요즘 음식 조심을 덜 했나? 앞으로 더 챙겨야지. 그러다 한참을 지나 갑자기 쿵 하는 소리에 가보니 침대에서 미끄러져서 주저앉은 상태. 안간힘을 써봐도 축 늘어진 무거운 몸을 어찌할 수가 없었다. 침이 바싹바싹 마르고 결국 119의 도움을 받아 가까운 병원 응급실로. 묻고 대답하고. 나는 오늘 하루 견디다가 요양 병원으로 이송하려 했더니, 일단 병원에 오니 여러 가지 검사를 실시하고. 병원에서는 묵과할 수 없는 상황이니.

저녁에 시랑이가 집에서 이것저것 필요한 것들을 챙겨서 병원에 들렀다. 비바람은 불고 병원에서 하룻밤을 지새워야 한다. 아, 악몽이다. 다른 환자들의 코골이 대향연. 정말 꼼짝 없이 날을 지새웠다. 너무 지치고 다시는 병실에서 자고 싶지도 않고 내 몸이 따라와 주지도 않고. 그런데 간병인들이 오려고 하지 않는다. 몸이 불편하니 간병인을 쓰는 건데. 염증이 높아져서 일단 병원에서 치료받아야 하니 요양 병원에 있어야 한다. 미국 갔다 올 때까지.

## 2016. 4. 8.

다행히 간병인을 구했다. 나의 예민한 잠버릇 때문에 건강을 해칠 거 같아서.

이럴 때 느껴지는 내 나이! 할머니 소리를 듣기 싫던 마음도 그런데 이런 상황에서는 자신이 없다. 착한 시랑이가 병원비에 보태 쓰라고 300만 원을 선뜻 주었다. 미안하고 대견하고 고맙다. 정말 난 자식 복은 있나 보다. 언니랑 만나서 사정 얘기도 하고. 그러나 도미노 현상은 싫다. 하나의 어려움은 하나로 끝내야지 연쇄적으로 힘들어하거나 무너져서는 안 된다. 그 정신은 바로 〈긍정의 힘!〉 감사합니다. 이만하기를. 미국에 있는 사랑이와 시진이는 추신수가 나오는 야구 경기 구경도 가고. 사랑이의 시험 결과도 예상보다 잘 나왔다니 다행.


### 2016. 4. 9.

오늘 점심부터는 흰죽이 나온다고. 남편은 또 오버다. 꾸러기 표정이 또 나왔네. 소고기 장조림, 백김치 타령. 그러다 보니 짜증 나는 대화. 알아보니 아직 이런 음식은 금물. 이렇게 부딪힐 때마다 짜증도 냈지만, 남편과 부딪힘을 후회도 해보며. 병원에서는 이상하리만큼 오버하는 행동과 말들. 누가 보면 VVIP인 줄. 남편의 더 좋은 점을 생각하면서 마음을 달래본다. 사랑이와 카톡. 시험이 끝났다 해서 아빠 소식을 알렸다. 그래도 가족이니까. 깜짝 놀라는 사랑이. 처음 아빠가 쓰러졌을 땐 함께 있어 몹시 힘들어했던 사랑이었는데. 그때 부재했던 시랑이가 지금은 내 옆에 있어 주어서 감사하다!

> ♥ 부등호의 법칙! 엄마의 긍정적 마인드에는 이 법칙이 늘 작용했다. 안 좋은 일이 있을 때면, 수첩을 꺼내어 더 좋은 면에 대해서 기록해 보며 결국 긍정적으로 결과를 끌어내던. 엄마가 아빠의 소식을 전해 주었을 때, 2007년에 아빠가 쓰러지셨던 일이 떠올랐다. 미국에 있던 시랑이 언니, 시진이... 엄마와 둘이 그때 얼마나 힘든 시간을 보냈는지. 그땐 내가 백수여서 엄마한테 경제적인 도움조차 드리지 못했는데. 이젠 내가 미국에 있고, 엄마의 곁에 든든한 장녀인 언니가 있네. 엄마가 혼자가 아니라서 참 다행이다.

### *2016. 4. 10.*

시진이와 통화. 아빠가 아프다니 걱정이 되니까. 바른 인생관과 신념이 있기에 잔소리할 것도 없고. 그저 하는 일이 잘 되기만을 빈다. 사랑이도 곁에서 돕지 못해 안타까운 듯. 착한 아이들. 감사하다! 감사하다! 말없이 엄마 마음을 헤아리며 돕는 큰딸 시랑이. 감사합니다! 사랑스러운 아이들을 주심에.

## 2016. 4. 12.

오늘 잊지 못할 사건. 차 시동을 켜는데 갑자기 시동 위치를 헤맸다. 순간 하얗게 되는 망각. 두려워 시랑이를 불러 찾았다. 지금껏 한 번도 경험하지 못한 일이라. 제법 기억력이 좋은 편인데. 휴… 요즘 나름 쇼크를 먹었나 보다. 나에게 달래본다. "괜찮아, 그럴 수도 있지." 그래, 감사하자, 감사하자, 모든 상황을.

## 2016. 5. 13.

사랑이는 방학을 앞두고 공부에 막판 스퍼트를 내는 중. 늦공부를 한다는 건 팔자다. 시진이가 자리 잡고 건강하게 제 할 일을 한다는 소원. 이루어 주셨고 또 이루어지리라! 그이도 다행히 병원 생활 잘하고 있음에 다행. 테라스 앞은 완전 초록 물결. 예쁘다. 정말! 모처럼 컴퓨터에 저장된 옛날 여행 사진을 찾아봤다. 지금보다 한 5kg는 빠진 모습이네. 그때 그이는 병원에 있었고 사랑이는 임용 공부 중이었네. 시진이는 한국에 와 있었고. 그때 힘든 시간을 잘 버텨준 모두에게 감사하다. 나 스스로에게도.

## 2016. 5. 19.

　우리 시진이는 어쩌고 있을까? 환율이 많이 올라 걱정이네. 얼마 안 되는 돈이지만 송금하려니.

　요즘 나에게 주어진 혼자만의 생활. 사랑이 말대로 모처럼 오붓한 기회이니 즐기라는데. 옛날에는 그렇게 시간이 없어 안타까웠던 일들이 지금 충분한 시간이 주어졌음에도 할 수 없음이 공허하게 느껴진다. 함께할 사람도 떠났고, 그때의 마음도 열정도 변했고. 즐겼던 독서도 요즘엔 통하지 못하고 있다. 대화 상대들은 다 손주들 뒤치다꺼리하느라 더 삶에 매였고. 이래서 인생은 늘 아쉽고 부족함을 느끼게 되는 걸까? 사랑이는 시험도 끝났고 이제 우리 랑데부할 날만 기다린다고. 시간이 빠름이 좋을 때도 있지만 때론 두렵기도 하다. 우주의 신비에 대한 두려움. 깊이 생각하기 싫다. 이 순간을 감사하며 살자 했거늘. 그래도 때론 엄습하는 앞날에 대한 두려움? 설렘? 희망적이기도 하고 두렵기도 하기에. 그래, 그냥 감사! 감사! 감사다!

## 2016. 5. 21.

　오늘은 나의 생일을 기념할 겸 언니랑 시랑이랑 함께 점심을 먹었다. 언니가 카드와 축하금 20만 원을 건네주시고. 정말 두 자매만 앞으로의 세월을 공유하게 되는구나. 건강하게 소원이었던 여행도 실컷 하자는 큰언니 말씀에 뿌듯.

### 2016. 5. 22.

오늘은 나의 birthday! 아침에 영상통화로 미국에서 사랑이와 시진이가 생일 축하 노래를 불러 주었다. 뿌듯. 사랑이가 그러는데, 사랑이 반 친구가 생리가 없었다가 시진이가 지어준 한약을 복용하고 생리가 다시 시작되었다고 한다. 그 얘기를 들으니 울컥했다. 늘 기도하지만 시진이가 타고난 재능을 침착하게 펼칠 수 있기를. 사랑, 시진이 두 남매의 뉴올리언스 여행이 안전하고 즐거운 여행이 되기를 기원하며.

### 2016. 6. 1.

오랜만에 언니를 만났다. 시진이가 병원을 개원했다고 축하금으로 50만 원 쾌척. 눈물이 나려 했다. 요즘에는 감성이 넘쳐 뜨거운 눈물이 난다. 사랑이는 엄마 맞이 준비를 하느라 애쓰나 보다. 기특. 이번 학기도 A 학점으로 끝내고 후련한 마음으로 함께 보낼 수 있어 다행!

## 2016. 6. 5.

　미국 여행을 앞두고 그이 병원 방문. 앞으로 한 달 동안은 못 가보겠지. 서로 무소식이 희소식이라고 생각하자고 했다. 연수 엄마(동서)의 전화. 여행 잘 다녀오시라고. 근데 묘한 감정이 교차한다. 우리 집이 작은 집에 짐이 되었는지 찜찜한 기분을 달래며. 그래도 고마웠던 일들을 생각하며 언젠가 되갚을 때를 기다려 보고 싶다. 벌써 내일이네. 세월 빠름이 두렵기도. 어제는 잠을 설치기도. 요즘은 더 감성적인 나 자신을 느껴본다. 겁도 많고 측은지심도 많아지고.

## 2016. 6. 6.~7. 8. 미국 여행

♥ 엄마의 방문에 맞춰 늦었지만, 엄마의 생일상을 차려 웰컴 파티를 준비했더랬다. 비행기에서 잠을 청하느라 멜라토닌을 복용하셨다는데 뒤늦게 효과가 나온 탓인지 집에 도착한 엄마는 비몽사몽. 그나마 혼자서 무사히 입국 수속을 마쳤다는 게 기적적. 식사하시는 둥 마시는 둥 잠을 청하러 올라가셨다. 내일부터는 새도나 여행부터 시작되는 다소 빡센 미국 여행(6.6~7.8.). 새도나를 시작으로 시카고, 바하 크루즈, 옐로스톤 여행을 무사히 마쳤음에 감사.

카탈리나 섬 정박

크루즈 선상의 일몰에서

새도나

옐로스톤

 큰이모가 살아생전에 꼭 가고 싶다고 노래 부르시던 <옐로 스톤> 패키지여행을 갔다. 동생이 중국 패키지는 2명이 가면 1명은 비용이 공짜라며 한국 패키지에 비하면 가격도 4분의 1이라 엄마의 경제적 부담도 줄여드리고 유학 생활의 비용도 아낄 겸 중국 패키지로 가기로 했다.
 한국 패키지가 유타까지 비행기로 이동하여 거기서부터 버스 투어를 시작하는 것에 비해, 중국 패키지는 엘에이 다운타운 쪽에서 집합해서 버스로만 엄청난 거리를 이동하는 투어였다. 중국 패키지답게 우리 일행을 제외하고 다른 일본인 팀이 한 팀, 그리고 나머지는 모두 중국인들이었다. 가이드가 중국어와 영어로 설명해 주었는데, 아무래도 중국어 억양이 들어간 영어 발음이라 초 집중해서 안내를 들어야 했기 때문에 일과가 끝나면 피곤해졌다. 빡센 일정의 여행이었지만 큰

이모가 그렇게 가고 싶다 할 만큼 옐로우 스톤은 정말 자연의 경이로움을 느낄 수 있었던, 살면서 한 번쯤은 꼭 가볼 만한 가치가 있는 곳이라는 생각이 든다. 투어 중에 한번은 젊은 중국인 여자가 엄마한테 다가와서, "You are so pretty."라고 칭찬을 해주었다. 그 정도 영어는 알아들으셨던 엄마는 나의 별도 통역 없이도 미소로 화답해 주었다.

백옥같은 피부를 가진 엄마는 어디를 가든 사람들한테 '멋있다, 이쁘다, 곱다'라는 칭찬을 많이 들으셨다. 젊은 딸을 옆에 두고 그런 칭찬 받는 엄마, 참 대단해.

## 2016. 7. 9.

잠은 좀 설쳤지만, 미국 여행하는 동안 밀렸던 일, 화초 정리, 빨래, 가방 정리 대충하고~ 휴 힘드네. 시랑이랑 갈비탕과 계란찜으로 아침 식사. 오랜만에 시랑이표 갓 내린 커피. 음~ 향기 좋다. 큰언니와 만나 그동안 밀린 대화를 나누고. 왜 지난 일들은 순간일까? 시진이가 공진단과 크림을 선물로 주었다. 공항에서 헤어질 때 울컥 눈물이 났는데 늙었나? 의연한 시진이가 든든해서 마음이 놓인다.

## 2016. 7. 10.

한 달여 만에 그이 병원 방문. 체중이 많이 줄어 스마트해진 느낌. 화요일에 퇴원하기 위해 준비. 내가 알아서 해야 할 일에 대한 여러 당부를 들었다. 더 이상 나빠지지 않고 이만큼만 유지시켜 달란 기도. 감사합니다.

## 2016. 7. 13.

아버님 기일. 삼성산 성당에서 연미사 올리다. 그분을 기리며 어머님도 함께 영혼 구원받으시고 천국에 계시기를. 아멘! 큰언니 만나다. 사랑이와 시진이는 야외 공원에 산책하러 갔다고. 삶의 여유를 갖는 것 같아 흐뭇. 여기서는 감히 꿈도 못 꿀 일이지. 제 살길 찾아간 것이니 최선을 다해 응원해 줄 수밖에. 진국인 시진이에겐 변치 않는 단골이 있기를.

♥ 가끔 엄마는 할아버지에 관한 추억을 소환해서 이야기해 주곤 했다. 아빠와의 선 자리에 할아버지가 함께 나오셨는데, 실은 엄마는 영국 신사와 같은 젠틀한 모습의 할아버지를 처음 본 순간 반했다고 한다.

정작 여자 앞에서 수줍어하시던 숙맥이었던 아빠는 만남 내내 고개를 푹 숙이고 있던 터라 첫 만남에서 기억하는 아빠의 모습은 정수리뿐이었다고. 결혼을 결정하는데, 이런 신사적인 분이 아버지라면 분명 아빠도 좋은 사람일 거란 확신이 드셨다고 한다. 혹독한 시집살이 와중에도 할아버지와 오순도순 나눴던 대화의 시간은 따뜻하고 소중한 추억으로 남아 있다고 하셨다.

### 2016. 7. 1

작은아빠가 생선 초밥, 김초밥, 복지리를 한 아름 갖고 옴. 그이가 초밥을 먹고 싶다고 했다나? 시진이가 준비한 편지와 공진단 전달. 참으로 칭찬이 인색한 유전자 집안. 기특하다, 애썼다는 한마디가 그리도 어려울까? 그러려니 하면서도 씁쓸하다. 조 부장님이 텃밭에서 가꾼 가지, 오이고추, 꽈리고추를 주셨다. 공진단 다섯 알을 드렸더니 이 귀한 공진단을 하며 좋아하신다. 항상 받기만 했는데.

♥ 엄마가 근무했던 학교에 학년 부장님인 조 부장 선생님이 집으로 초대했던 곳이 지금 우리가 살고 있는 동네의 아파트. 호암산 줄기의

> 서울 끝자락에 있는 곳인데, 푸른 산에 둘러싸인 맑은 공기를 맡으며 엄마는 이곳에 살아야겠다고 결심했다고 한다. 그게 인연이 되어 이웃사촌이 되었고, 조 부장 선생님은 직접 가꾼 식재료와 김치, 반찬거리를 주시곤 하셨다. 엄마는 외할머니인 친정엄마한테서 받지 못했던 부족한 부분을 조 부장 선생님께서 채워주신다며 감사해하셨다.

### 2016. 7. 28.

김미경 강사의 TV 강의 중, 내가 진정으로 하고 싶은 일이 뭔가? 숨은 능력을 꺼내 써야 한다고. 글쓰기, 노래 부르기? 뮤지컬? 그분은 어느 정도 이루었기에 하는 얘기지만 진정 실천한다는 게 참으로 어려운 일이다. 글을 쓰고 싶은 욕망은 쭉 있었는데.

큰언니를 만나서 점심을 먹었다. 언니가 건강하신 모습이 보기에 좋다. 오늘도 예쁜 옷을 사시는 모습에 아직 젊으시다는 생각이 들었다. 만사가 귀찮으면 그건 참으로 무모한 삶이다. 한번은 사랑이가 말했지. 엄만 아직 두 눈이 반짝거려. 두 눈에 꿈이 보인다고. 맞아, 내 마인드는 무지 젊은데. 주책 떨지 않는 선에서 무료한 삶은 내보내자! 그리고 글도 써보자. 아자!

## *2016. 7. 29.*

미용실에 가려 했으나 비가 쏟아져 점심 먹고 가기로. 장장 5시간 가까이 걸린 머리 손질(염색에 파마, 케어까지). 쉴 틈 없이 움직이는 원장을 지켜보며 대단하다 느낀다. 고객이 꾸준히 찾는데도 다 이유가 있는 법. 시진이를 생각해 본다. 성실하고 양심적인 진료로 꾸준하게 찾아오는 참 고객이 많이 생기기를.

## *2016. 7. 31.*

더운 날씨가 이어진다. 집에 가만히 있으니 더운 줄을 모르니 참 이런 집에 살고 있는 게 감사한 마음이다. 산속의 공기! 쓰레기 버리고 집에 방콕! 사랑이와 영상통화. 거기도 더워서 힘든가 보다. 나 또한 좀 움직이면 지친다. 나른하니 에너지가 쏙 빠지는 느낌.

## *2016. 8. 5.*

그이 생일. 간단히 국 끓이고 케이크 축하식. 토요일 회식하려 했더니 대신 삼계탕 끓여 달라고. 최고로 더운 날씨다. 미국 여행 중에 느겼던 사막의 뜨거웠던 열기가 요즘 거리에서 느껴진다. 새도나 가던 길, 옐로스톤 가던 길….

### 2016. 8. 7.

미국에 있는 아이들과 영상통화. 미국에 간 지 1주년이라 하며 헐리우드 볼 공연장에 가서 차이코프스키 연주를 감상했다고. 여유 있는 삶을 갖는 아이들이 흐뭇. 그래, 그게 바로 마음이 부자인 거지!

『풀꽃도 꽃이다』 독서. 한국의 병태인 교육 문제. '내 자식 어떻게 해서라도'라는 비뚤어진 부모의 욕심, 정책, 시장 논리.

아, 정말 어려운 문제. 경쟁이 심한 나라이다 보니.

♥ 엄마가 놀러 오셨을 때, 헐리우드 볼 공연장에서 엄마가 좋아하시는 명화 '사운드 오브 뮤직' Sing Along 공연을 보러 갔더랬다. 엘에이는 나름 사막 지역이라서 일교차가 큰 것을 고려하지 못하고 갔는데, 무더웠던 낮과 달리 해가 지고 공연이 진행되는 동안은 너무 추워서 오들오들 떨었다. 주변에 있던 관객들이 담요를 챙겨왔길래 그냥 무심히 보고 지나쳤는데 그 이유를 알게 되었다. 이번 행사에 세심하게 준비하지 못한 거 같아서 죄송한 마음이 들었다. 엄마는 어린 시절

> 이상형이었다는 장교 역의 남자 주인공이 나오는 장면에서 다시 소녀로 돌아간 것처럼 좋아하셨고 유명한 영화 음악도 같이 따라 부르셨다. 엄마께 추억 여행을 시켜드린 것 같아서 뿌듯했다.

### 2016. 8. 11.

오랜만에 예전 학교 선생님들과 점심 식사. 대화 중 갑작스러운 이야기 화제에 울컥 감정이 솟았다. 왜 자식들이 결혼을 안 하냐고. 그건 부모가 관심 부족인 듯 말하는 내용에서 내 얘기를 하는 건가? 하는 생각이 들어 애써 감정을 눌렀다. 자기 딸이 결혼했으면 된 거지. 남의 일에 왜? 라는 말을 쉽게 하면 안 된다고 생각. 다 인연이고 운명인데. 갑자기 그들을 만나기 싫어진다. 기분이 좀 나빠지며 평정심을 유지하느라 힘들었다.

### 2016. 8. 12.

사랑이와 통화. 교수님 의뢰로 미국 대사관에서 주관하는 한국, 일본 교사 연수로 방문하는 팀을 대상으로 한 학교 견학 안내와 간단한 수업 발표를 잘 마쳤다고 한다. 게다가 아르바이트비로 100불 받았다고 흐뭇해한다. 하느님께서 주신 재능을 잘 살릴 기회 주심에 감사하다고. 울컥.

### 2016. 9. 19.

행복은 나 스스로 만드는 것임을 새삼 느낀다. 그이는 이제 조금씩 화장실 출입도 하고, 다리에 힘도 생긴다고. 아멘! 할렐루야! 감사! 좀 더 치료받고 예전의 기운을 차려야겠지. 그 힘든 시간을 잘 견뎌준 그이가 고맙다.

사랑이는 지치는 몸, 마음을 다스리는 중. 늘 하루는 힘들지만, 초심을 잃지 말라고 다독여 줬다. 고마운 자식들을 생각하며, 이제 어미로서 손 모아 기도드릴 뿐. 잘 헤쳐 나가기를. 사랑하는 내 자식들아.

### 2016. 9. 24.

집으로 가는 차 안에서 마음먹었다. 올겨울 시랑이와 미국 함께 가기로. 식당에 도착하여 시랑이와 사랑이가 계획하고 있던 칸쿤이나 하와이 둘 중 하나라도 비행기표가 있음 가려고. 사랑이에게 전화했더니 몇 시간 후 하와이표는 구입했단다. 시랑, 사랑이가 칸쿤 가 있을 때는 집에서 독서나 TV 봐야겠다. 시진이랑 가까운 데 드라이브하며. 언제 세 아이와 함께 여행할까? 하는 생각이 드네. 시랑이가 언제 긴 연가를 낼 수도 없을 테고. 돈? 그건 시간이 흐르면 메꿀 수 있지만. 한번 놓친 기회는 다시 오지 않기에. 아이들과 함께 지내는 기회를 과감히 선택.

♥ 한창 시험 공부를 하고 있는데 엄마한테서 전화가 걸려 왔다. 겨울에 언니랑 미국에 가야겠다며. 여름에 다녀가신 지 얼마 되지 않았는데 생각지 못했던 엄마의 말에 좀 당황했다. 게다가 며칠 전에 언니와 갈 칸쿤과 하와이행 비행기표와 숙소 예약을 다 마쳤는데. 엄마한테 좀 짜증을 냈다. 좀만 일찍 알려줬어도 한 번에 끝낼 수 있는 일을. 공부하다가 갑자기 칸쿤과 하와이행 비행기표가 있는지 여기저기 항공사 사이트를 뒤지고 다녔다. 결국 칸쿤행 비행기표는 구하지 못하고 겨우 하와이행 비행기표만을 구할 수 있었다. 그땐 몰랐는데, 엄마가 돌아가시고 나니 결국 이번 여행이 엄마와 삼 남매가 함께했던 처음이자 마지막 여행이 되었다는 것을 알게 되었다. 이 얼마나 소중한 시간이었던가! 새삼 감회가 남달랐고 감사한 마음이 들었다.

영화 <인터스텔라>에서 남자 주인공이 우주의 세계에서 블랙홀을

> 지나 과거의 시간대로 넘어가 자기 딸에게 어떤 행동을 하게끔 신호를 주려고 애썼던 장면이 아직도 충격적으로 남아 있다. 가끔 뭔가를 꼭 해야 할 것 같은 느낌을 받을 때, 그저 우연히 드는 생각이 아니라, 미래의 내가 현재의 나에게 어떤 신호를 주고 있는 것은 아닐까? 종교적으로 풀이하자면, 이게 바로 하느님께서 인간에게 주는 신의 계시라고 한다. 갑자기 왜 엄마가 미국 여행을 급작스럽게 결정하셨는지 그때는 그저 우연이라고만 생각했었는데, 지금 와서 보니 운명이었을 수도. 세 아이와의 마지막 여행의 추억을 만들라는 하느님의 선물이었을까?

### 2016. 9. 25.

수지와 통화. 미국 가서의 잠자리 상의 겸. 라텍스 아니면 소파? 그 즈음에 결정하기로. 이제 기정화된 미국행. 과일 등과 준비한 물품을 챙겨서 그이 병원. 이제 지팡이 짚지 않고도 걷는다. 그이에게 미국행에 관해 설명하니 처음엔 좀 뜨악? 그도 그럴 것이 여름에 사랑이 보고 왔는데, 또 간다니. 오후에 산책을 다녀오니 그이에게서 전화가 왔다. 나보고 맺힌 응어리 다 풀고 오라며. 처음 들었을 때 좀 태도가 미흡했던 점을 이해해 달라며. 이럴 땐 남편의 마음이 정말 하해와 같다.

자신은 그동안 병원에서 물리치료, 침 치료받고 좀 더 완벽한 몸을 만들고 있겠다며. 나도 기원하고 기도할 뿐.

♥ 엄마가 언니의 미국 여행에 급 조인하신다고 해서 잠자리 문제 해결을 해야 했다. 투룸 아파트라 내 방에서 세 여자가 지내야 하는데. 결국 퀸사이즈 침대에서 엄마와 언니가, 나는 남은 스페이스에 에어배드를 두고 거기서 자는 것으로 문제 해결! 그나마 방 사이즈가 큰 편이라 다행.

### 2016. 9. 26.

오래전부터 목이 묵직하고 켁켁거리고 특히 잘 때는 이물질이 목 안에 있는 듯 찜찜하다. 혹시? 드는 방정맞은 생각에 이비인후과 진료. 의사 선생님도 나이가 있다며 목 안쪽 진찰했는데, 다행히 인후염이라며 일주일분 약을 처방해 줌. 휴~!

시진이와 카톡 통화. 사랑이 말대로 조그만 진료실 차려놓고 잘 운영하고 있는지. 그런데 일하는 시진이 두고 우리 모녀들은 여행 갈 계획하고. 측은지심 사랑이로서는 당연한 생각일 듯. 하지만 다시 오기 힘든 기회라 용기를 냈는데, 긍정적으로 생각하고 주어진 기회를 즐기고 좋은 추억 만들련다. 시진이와도 이번 기회에 깊은 대화도 나눠보고.

### 2016. 9. 28.

뿌옇게 안개 낀 날씨다. 진숙이 만나러 사당행. 편안한 마음으로 얘기를 나눔. 언제부터인가 진숙이가 마음속 깊게 자리 잡았다. 편안하고 겸손하고 모든 얘기 다 들어주는 친구다. 어려움을 잘 견디고 착하고 열심히 사는 진득한 친구다. 함께 나누고픈. 시간이 나는 대로 자주 만나고프다. 진심으로 서로 잘되기를 바라고픈 친구다. 작은 것에도 고마워할 줄 알고.

### 2016. 9. 30.

언니 친구들이 계획하는 일본 여행에 갑자기 못 가게 된 분이 생겨서 자리 하나가 빈다고 한다. 내가 안 가면 어차피 최소 인원이 채워지지 않아서 포기할 거라나? 그래서 간다고 했다. 그이한테 얘기했더니, 순순히 당신은 여행복이 많다며 2만 엔을 보태주겠단다. 이럴 땐 어찌나 착하신지. 시랑이한테 조금 미안해진다.

## 2016. 10. 4.

　오랜만에 사랑이와 화상 통화. 부담 없이 긴 시간 동안 대화를 나눴다. 학교 생활에 여러 가지 어려움을 토로한다. 다행히 사랑이의 절친인 써니가 원래는 한국으로 귀국할 예정이었으나 남편 근무가 6개월 연장되어 미국에 더 있게 되었다고 한다. 녹록지 않은 미국 유학 생활에 많은 도움을 받는 친구가 있다니. 참 좋은 인연이다.

## 2016. 10. 6.

　시진이의 자립 태도가 흐뭇하면서도 안쓰럽다. 맘껏 응원하지만, 본인은 얼마나 답답할까? 그래도 헛된 시간 보내지 않고 골프 연습하며 건강과 마음의 여유를 다스린다니. 믿음직. 측은지심 덩어리 사랑이가 마음이 몹시 아픈 듯. 옆에서 함께 생활하니 더욱더 그렇겠지. 믿는다, 아들아! 너의 바른 인성과 양심이 꼭 빛을 볼 거야! 파이팅! 사랑한다. 허리케인에, 홍수에, 지진에, 엉망이 되어버린 수많은 사람에게 응원을 보내며 약해지는 마음을 다잡아본다.

## 2016. 10. 8.

사랑이는 소꼬리탕 만드느라 공부 중에도 애쓴다. 동생 잘 먹이려고. 기특하다. 측은지심이 많아 동생 걱정이 많다. 그래도 스스로 자기 일을 해 나가려는 마음가짐이 기특하고 믿음직스럽고, 엄마 마음으로는 안쓰럽기도 하고 항상 응원하고 기도할 뿐.

♥ 아빠의 잔소리 18번은 "밥 먹여줘, 잠 재워줘. 뭐가 문제야? 배가 불러 그렇지. 정신이 너무 약해 빠졌어."였다. 엄마는 아빠의 그런 권위적인 성격을 알았기에 우리를 키우는 데 혼자서 끙끙 앓았던 적이 많으셨던 것 같다. 부모의 마음대로, 계획대로 되는 자식은 없는 건데. 예전엔 엄마가 시진이를 너무 나약하게 키우는 건 아닌지, 불만스러웠을 때가 종종 있었다. 미국 유학하는 동안 시진이와 함께 지내며 곁에서 지내다 보니, 시진이는 게으르고 나태한 게 아니었다. 그저 주어진 소명을 다할 시간이 아직 시진이에게 다다르지 않았을 뿐. 우리가 원하는 때에 바라는 바가 이뤄지는 것이 아니기에, 조바심 내지 말고 하느님의 시간이 올 때까지 기다리고 노력해야 한다는 것을.

## 2016. 10. 11.

힐링코스인 동네 둘레길

열심히 성실히 자기 할 일을 잘 하는 자식들이 감사하고 또 하느님께 감사하다. 살고 있는 내 집이 편안하고 행복하다면 최고의 집이라고. 정말 맞는 말이다. 도시 한복판, 공기 나쁘고 허름한 데서 고가의 집이라며 불편하게 사는 것보다는 감나무가 익어가고 산의 맑은 공기에 흠뻑 젖고 조금만 운동 삼아 올라가면 잣나무, 소나무의 향기 속에 힐링 코스가 있는 동네.

이 행복을 누리며 살게 해주시는 하느님께 감사하다. "마음이 가난한 자(겸손)는 복이 있나니." 욕심으로 가득 찬 내면을 비우라는 말씀. 누구에게나 늘 부족하고 아쉬운 면이 있다. 시진이의 진심이 통하여 진정한 단골들이 많이 오기를. 의젓하게 서두르지 않고 대처해 나가는 모습만으로도 대견하다. 꼭! 그날이 올 거라고.

## 2016. 10. 14.

확실히 사랑이는 언어에 뛰어남이 있다. 지금 그 재능을 꽃피우는 시기인 듯. 이번 문법 시험도 만점을 받았다고 한다. 내게는 징징거리며 엄살 부리면서도 열심히 해주니 예쁘다. 동생 식사도 챙겨줘 가며. 시진이가 자리 잡기를 함께 기도. 내 자식을 믿고 공진단을 사주는 사람들이 고맙다. 커다란 행복 하나보다는 잔잔한 많은 행복이 삶을 보람되게 만든다.

## 2016. 11. 26.

밖에는 눈이 내리고 고즈넉한 거실에서 정말 고독한 시간을 보낸다. 늘 대식구들로 붐볐던 옛 시간. 나에게도 이런 나만의 시간이 주어지는구나. 밖에 있던 제라늄 화분을 안으로 옮기다. 찬 공기 속에서도 예쁘게 피어준 꽃들이 사랑스럽고 대견.

시진이와 통화. 묵묵히 때를 기다리는 의연함이 뿌듯. 멋진 간판 걸린 〈시진 한의원〉을 꿈꾼다. 아니! 실현될 거야. 거기까지만 내가 할 일. 미국에 가서 시진이와 좀 더 자세히 얘기 나눠봐야겠지. 자기 몫을 다해주는 아이들이 고맙고 또 고맙고 사랑스럽다.

## 2016. 12. 18.

    시랑이가 예약한 택시로 공항으로. 수속 끝내고 면세점에서 간단히 쇼핑하고 휴게실에서 쉬다가 탑승. 비행기가 몹시 흔들려서 잠이 깊이 안 든다. 휴! 다행히 이번엔 옆에 시랑이가 있으니 마음이 놓인다. LA 공항에 도착했더니 시진이가 마중 나왔다. 기쁜 순간. 집에서 사랑이가 아귀찜, 샐러드로 점심을 차려놓고 이미 지났지만 시랑이 언니 생일 축하 파티. 그이가 옆에 없는 게 좀 미안한 마음이 들지만, 그래도 이렇게 미국에서 세 아이와 상봉하다니! 감격스러워서 그런지 첫날 저녁엔 잠이 잘 오지 않네.

## 2016. 12. 19.

    시진이네 근처에 사는 여동생 집에 방문하여 그 집 식구들과 함께 식사. 먼 타국에 동생이 있다는 사실만으로도 시진이에게 힘이 되어 주니 그저 감사하다.

> ♥ 엄마 말씀으로는 막내 이모와 시진이의 인연은 예사롭지 않다고 했다. 시진이를 낳았을 때도 이모가 산부인과에 같이 있어 주셨단다.

> 지금도 미국이라는 큰 나라에서 시진이가 사는 곳과 가까운 거리에 살다니. 지금도 엄마 대신, 우리 가족 대신 큰 역할을 해주시는 것 같아 항상 감사한 마음이 든다.

### 2016. 12. 20.

시진이네 근방에 있는 엘도라도 공원 산책. 1시간 정도 걸었는데 자작나무숲 코스에 그늘이 많아 무난한 코스. 점심으로는 대만식 훠궈를 먹다. 집에 와서 쉬다 시랑이는 시진이 진료실에서 치료 받다. 오후에는 애너하임 다운타운에 있는 이쁜 까페에서 라테 타임. 내일 두 공주님 칸쿤 가느라고 짐 싸느라 분주하다. 오후에 마신 진한 커피 탓인지 잠이 안 와서 잠을 거의 설침.

### 2016. 12. 22.

시랑, 사랑이 무사히 칸쿤 호텔 도착하여 호텔방, 수영장, 바닷가의 사진 여러 장을 보내왔다. All You Can Eat이라서 모히토 칵테일이 맛있어서 몇 잔에 마셨더니 알딸딸하다며.

시진이는 음식을 남기는 것을 싫어한다. 맛있는 거 사주려고 했더니 그냥 있는 반찬 먹자며 쇼핑을 만류한다. 점심 후 비가 그친 듯하여 라구나 비치로 드라이브. 내가 가고 싶었던 곳. 세 번째 방문이다. 흐린 날씨, 바람이 불어서 으스스했지만, 바닷가 걷고 사랑이가 추천한 스페니시 라테가 맛있다는 까페에서 라테와 호두 파이를 먹으며 시진이와 추억을 쌓는다. 이따 동생네 가서 함께 저녁 먹어야지.

## 2016. 12 .24.

해변을 따라 있는 도로인 코스트 하이웨이에 있는 Crystal Cove 공원. 근사한 해변인데 바람이 세차게 불어 스카프로 머리를 감싸고 걷다. 날씨만 좋으면 더 걷고 싶다.

## 2016. 12. 25.

크리스마스다. 어쩌다 보니 아들 시진이와 둘만의 크리스마스다. 아침 8시에 나서서 기차역에 차를 주차하고 샌디에이고행 기차를 탔다. 점심 식사 후 투어 버스로 동물원 관광. 돌고, 돌고, 걸으면서 구경 많이 했다.

## 2016. 12. 27.

베이글과 두유로 아침. 10시경에 시진이랑 오크 캐년에 가서 가벼운 등산. 저번 여름에 갔을 때는 너무 더워서 샛길로 빠졌는데, 오늘은 날씨도 적당하여 정상까지. 오늘 밤에는 칸쿤에 갔다 뉴욕에 들렀던 두 공주가 돌아오는 날. 보고 싶다. 쫑알쫑알 이야기하기 좋아하는 사랑이가 어떤 이야기보따리를 풀어 놓을까? 기대된다.

## 2016. 12. 28.

사랑이 학교 투어. 나는 두 번째이지만, 사랑이에게는 첫 번째 방문. 늦공부를 열심히 하는 사랑이가 기특하고 대견하다. 저녁에 근방에 있는 볼링장에서 오랜만에 볼링. 처음엔 헛발 치다가 차츰 옛 기억이 되살아나서. 나중에는 좀 잘 풀렸다. ^^ "엄마는 못 하는 게 없네." 라며 사랑이가 질투?를 한다.

## 2016. 12. 29.

사랑이 절친인 써니 만나는 날. 근처 식당에서 사랑이가 점심을 샀다. 2차로 써니네로 가서 사랑이가 맛있다고 칭찬했던 써니 표 라테 마시며 대화. 써니네 아파트 수영장 근처 벤치에서 담소 나눔. 곁에서 살갑게 잘 챙겨주는 친한 친구가 있어 주어서 참으로 고맙네. 사랑이는 써니를 '미국 엄마'라고 별명을 부를 정도. 둘의 우정을 응원한다.

### 2016. 12. 30.

아침 간단히 먹고 8시에 산타마리아 바다 구경. 다운타운 구경하고 드라이브. 법원, 수도원 등 스페인식 건물이 멋들어지다. 점심 식사 후 덴마크 마을인 솔뱅으로. 소품에 관심이 많은 사랑이는 이쁜 미니스탠드 구입하고, 솔뱅의 명물이라는 데니쉬 빵하고 쿠키를 사서 먹어봤다. 세코이아 국립공원 근처 숙소로 출발~ 숙소 가는 길에 우뚝 솟아 있는 메타세쿼이아 나무들을 실제로 영접하니 작년에 사랑이가 보내 준 사진에서 본 것보다 훨씬 거대했다. 숙소에 도착하여 짐 풀고 쇼핑해 간 음식을 먹으며 대화를 나누다 취침.

♥ 여행 간 곳은 산타마리아가 아닌 산타바바라(스페인풍 마을) 지역이다.

## 2016. 12. 31.

　세쿼이아 공원 산행. 명물이라는 〈샤먼트리〉를 찾아 걷는데, 눈이 너무 많이 와서 이정표가 가려져 길이 끊기고 여러 곳을 방황하다 결국 미아가 될 것 같아 찻길로 빠져나와 올라갔다. 휴, 힘들다. 시진이가 자신의 계획대로 진행이 안 된 거 같아 속상한 눈치. 그래도 길 잃고 힘든 것보다 백배 천배 낫지. 엄청난 높이의 거대한 메타세쿼이아 나무 숲은 정말 장관이었다. 뭔가 흘리한 느낌마저 들었다. 저녁에 뉴스를 보니 그곳에 눈보라도 불었다는데, 그 전에 탈출했음에 감사하다.

# 2017년

## 2017. 1. 1.

새해가 밝았다. 신년 기념으로 큰언니가 여행 경비로 주신 하사금으로 퀸메리호에 있는 레스토랑에서 선데이 브런치를 먹기로. 무제한 샴페인에 스테이크 고기가 최상급이다. 식사량이 많지 않지만 오늘은 특별히 스테이크 두 쪽으로. 화려한 디저트도 먹으며 행복한 시간. 언니 감사합니다. 옛날 화려했던 퀸 메리호를 감상하며 주변과 함께 포토 타임.

## 2017. 1. 2.

그로브 몰 크리스마스 장식

엘에이 다운타운에 있는 라크마 미술관 구경. 유명한 구조물인 Urban Lights도 보았다. 신년이라 그런지 수많은 가로등을 한꺼번에 불 밝히는 이벤트도 볼 수 있었다. 그로브 몰에 있는 이태리 가정식 식당에서 아이들과 저녁 식사. 이 몰에는 3년 전에도 왔었다고 사랑이가 기억을 상기시켜 주었다. 트롤리 타고 야경을 구경하는데 아직 크리스마스 장식이 그대로여서 너무 예쁘다. 시진이는 지리가 밝아 종횡무진 운전을 잘하니 자유 여행을 만끽하다.

## 2017. 1. 3.

팜스프링 행. 시진이가 평소에 추천했던 곳. 오랜 기다림 끝에 케이블카를 타고 까마득한 돌산을 넘자, 숲이 우거진 정상에 도착했다. 설경이 멋진 곳에서 사진 찍고 산책했다.

## 2017. 1. 4.

라구나 비치로. 사랑이 올 A 받은 것과 시진이의 생일을 미리 축하하는 파티 겸. 내가 좋아라하는 라구나 비치 절벽에 위치한 전망이 끝내주는 라브리샤스에서 모히또랑 멕시코 음식으로 즐거운 회식. 지금이 네 번째 방문인데 오늘이 가장 화창하고 좋은 날이다. 딸들이 길 건너 스페니시 라테를 포장해 오는 동안 여유 있게 아름다운 해변 풍경을 시진이와 감상했다. 요즘 자주 드는 생각. 꿈인가 생시인가? 꿈과 현실의 경계가 자주 흔들리는 경험. 시간이 빨리 흐르며 기억 속으로 남겨지는 기분. 오늘 길에 사랑이는 집에 내려서 요리하고 시랑이와 나는 시진이 진료실에 가서 치료받았다. 내일 두 공주와 하와이 여행을 떠나기 때문에 시진이 반찬 해준다고 오징어볶음, 우거지 갈비탕을 만들어 주었다. 하와이 여행 간다고 잠을 설쳤다고 생각했는데, 사랑이 왈, 내가 각양각색으로 코를 골았다나?

라구나 비치 전경

### 2017. 1. 5.

드디어 하와이로 출발. 무사히 도착하여 수속을 마쳤다. 영어 능력자 딸들이 있으니 편하구먼. 커피와 빵으로 대충 요기하고 비행기 탑승. 내가 나중에 하와이 여행에 합류한 탓에 좌석이 떨어진 자리에 앉게 되었다. 내 옆에 한국 여자가 앉더니 대뜸 말을 걸고 자기 자랑을 스스럼없이 곁들이며 천주교 신자라는 공통점 때문에 비행 내내 거의 대화를 이어가는 바람에 잠자기는 포기했다. 배가 고파서 사랑이에게 기내 머핀을 주문하라고 하고 시켜 먹었다. 미국 비행기에는 기내식이 제공되지 않고 별도로 주문하고 돈을 내야 하는 시스템이다. 무사히 하와이에 도착하여 사랑이가 예약한 셔틀 리무진을 타고 숙소인 앰버서더 호텔에 도착. 와이키키 해변까지 걸어서 5분 거리고 레지던스라 방도 넓은 가성비 대비 만족스러운 곳이다. 짐을 풀고 사랑이가 검색한 근처 유명한 우동 맛집에 가서 줄 서서 기다린 끝에 우동, 튀김, 유부초밥을 먹었다. 역시 맛집! 와이키키 해변 걷고 사진 찍고 오랜만에 바다에 발을 담가 보았다. 피곤해서인지 오늘 밤은 꿀잠 예약. 하느님, 감사합니다! 딸들과의 이런 소중한 시간을 주셔서.

## 2017. 1. 6.

어제 마트에서 사놓은 오니기리(무스비)와 컵라면, 과일로 아침 식사 후, 2번 버스를 타고 다이아몬드 헤드로 향함. 그리 높은 산은 아니나 그래도 감사하게 정상까지 올라가서 하와이 전경을 감상. 내려와서 파인애플 슬러시를 마심. 느긋하게 피로를 풀고 근처를 15분 정도 걸으며 자유 여행의 여유로움을 만끽. 돌아와서 수영복으로 환복하고 비치 선베드에 몸을 눕히고 눈부시도록 파란 하늘을 감상. 독서하다 멍때리다 이 여유진 시간의 고마움. 아, 참! 점심은 푸드 트럭에서 하와이 명물인 갈릭버터 새우밥을 맛나게 먹었다. 저녁을 먹고는 근처 아웃렛에 들러 이것저것 쇼핑. 좋은 브랜드 제품을 클리어런스 수준으로 싸게 파는 곳이라 보물찾기하듯이 쇼핑을 좋아하는 세 모녀가 신났다. 쇼핑을 좋아하는 세 모녀. 아웃렛은 우리에게 참새방앗간 같은 곳.

다이아몬드 해드에서 바라본 전경

### 2017. 1. 7.

아침으로 호텔 앞 카페에서 크루아상 샌드위치와 도넛 라테를 먹었다. 사랑이가 검색한 카일루아 비치라는 곳에 가기로 했는데 에메랄드 바다 빛깔로 유명하댄다. 8번 버스를 타고 57번 버스로 갈아타고 내려서 한참을 걸었다. 상쾌한 바람에 기분이 좋아 걷는 것도 즐겁네. 결국 도착했는데, 현실은 을씨년스러웠고 모래바람이 너무 많이 불었다. 시랑이의 안색이 창백해지고 나 또한 심란해졌다. 사진 몇 장만 찍고 수영복 입은 사랑이만 해변에서 얼씬대다가 결국 철수. 57번 버스를 기다리는데 한 40분 기다렸으려나? 슬슬 지친다. 사랑이는 에메랄드 바다에 대한 기대가 높았던 만큼 실망도 큰 눈치.

### *2017. 1 .8.*

 오늘 아침엔 Bills에서 조식. 핫케이크, 프렌치토스트, 에그, 베이컨, 라테와 롱블랙 커피를 주문했다. 호주에서 유명한 브런치 식당이라고 사랑이가 설명해 주었다. 식사 후 근처 면세점에 가서 여러 가지 기념품과 화장품 등 쇼핑. 오후에 와이키키 해변으로 고고! 딸들 수영복 패션이 늘씬늘씬하니 너무 예쁘다. 비치파라솔을 15불 내고 1시간 동안 대여. 아이들은 바닷가로 떠나고 나는 파란 하늘과 바다를 유유히 감상. 근데 사랑이가 해파리에 쏘였다. 알고 보니 이곳 해파리가 생명이 위독한 정도로 독성이 강하다는데, 그나마 겨울에는 독성이 여름 같지는 않아서 생명에는 지장이 없다지만 허벅지 안쪽이 피가 뭉친 것처럼 빨갛게 되어 있고 통증에 괴로워한다. 근처 몰에 가서 약도 발라보고 민간요법을 검색해서 콜라도 부어보고. 빨리 낫기만을 바랄 뿐.

저녁에는 미국에 3대 스테이크 맛집 중 하나인 루스 크리스에 사랑이가 예약해서 맛난 스테이크를 먹었다. 벌써 하와이에서의 마지막 밤이라니. 두고 온 시진이가 마음에 걸리지만, 언젠가 시진이도 함께할 시간이 올 테지. 시간의 흐름에 자신을 맡기며, 오늘도 감사합니다.

### *2017. 1. 9.*

하와이 떠나는 날. 공항 스시집에서 도시락을 사서 비행기 안에서 냠냠. 알차고 재밌는 추억 듬뿍 안고 간다. 정말 여행은 마음이 잘 맞는 사람끼리 하는 거라고. 딸들에게 보호받으며 민폐 끼치지 않고 여행 마치고 무사히 도착함에 감사. 또 감사.

### *2017. 1. 11.*

소꼬리찜, 미역국, 게살 관자 볶음밥, 청경채 볶음 등으로 시진이 생일상을 사랑이가 뚝딱 차리는 모습이 참으로 대단. 간은 내가 좀 봐주고, 미국 소꼬리는 정말 크고 살도 많고 튼실하다. 모든 게 다 큰 미국이란 나라. 밥 먹고 산에 산책하러 가려 했으나 비가 보슬보슬

내려서 대신 볼링장으로~ 시진이는 거의 스트라이크!!! 의외로 시랑이도 잘하네. 사랑이랑 나랑은 골로 빠졌다 겨우 라인 찾고. 허벅지 땡기고 사랑이도 팔목이며 여기저기 아프다고 골골. 패킹 하우스에 가서 아이스크림 냠냠 먹고 집 근처 베트남 식당에 가서 쌀국수로 저녁 해결.

## *2017. 1. 13.*

한국으로 돌아가는 날. 사랑이가 토스트 해줘서 먹고 다 함께 공항으로. 어느새 지나가 버린 시간에 대한 아쉬움과 추억들을 되새기며. 수속하고 시랑이와 나는 에스컬레이터에 오르고 사랑이와 시진이는 아래에서 바이바이! 이별과 만남의 뒤풀이. 긴 시간의 비행. 비행기 타면 푹 자면 좋을 텐데. 영화 두 편을 보며 힘들게 비행하고 무사히 한국에 도착했다. 감사하다. 한국은 너무 춥다. 근데 집에 도착하니 뜻밖의 상황. 화초들 상태는 양호한데 보일러가 꺼져버려서 넘 춥다. 보일러는 켰으나 온도는 잘 오르지 않고 으스스 춥고, 가스레인지도 TV도 잘 안 켜지고. 한동안 고생했다. 오들오들 떨며 하루 마무리.

## 2017. 1. 16.

시랑이는 살림살이 꾸리느라 지친 듯. 광주 사무소로 발령받아서 주거지를 광주로 옮겨야 하는데, 주거지를 옮기는 게 쉬운 일은 아니니까. 10시 30분에 그이가 있는 병원장과의 면담. 나보고 생각보다 미인이시라는 간단한 대화가 오가고. 남편은 왕자병이 있어 나하고 의견이 안 맞을 때가 있다. 난 누군가에게 젠체하는 행동이 영 체질에 안 맞는데, 그이는 그것을 즐기는 듯 보인다. 대부분 기운 없는 노인들 틈에서 이것저것 병원에 불만을 제기하는 눈엣가시 같은 환자였으리라. 금요일에 퇴원하기로.

## 2017. 2. 7.

미국에서 내가 묵었던 호텔에서 마음에 들었던 베개를 시진이가 주문해 줬는데 오늘 그 베개랑 여행 사진이랑 도착. 정말 드라마틱하게 세 자녀와 함께했던 이번 여행의 추억이 담겨 있다. 그이는 여행에 함께하지 못해 섭섭했을 법도 한데, 쿨한 그이는 함께 사진을 보며 즐거워한다. 이럴 땐 정말 젠틀맨이네.

## *2017. 2. 8.*

    사랑이는 졸업 후 언제 복직할지 날짜를 고민 중이다. 석사 학위를 받아야 하므로 그때까지가 기한이라는 결론. 누나와 같이 복작거리다가 조만간 또 홀로 서게 될 시진이가 좀 짠하다. 본인은 허허 웃으며 "또 새로운 인연이 생기겠죠!"라고 말해 준다. 하지만 편안한 배우자 만나 알콩달콩 살아야 하는데. 기반도 잘 잡고.

## *2017. 2. 9.*

    사랑이는 문법 시험에서 100점 받았다고. 미국의 내로라하는 교수님께 인정받다니! 기특하고 뿌듯하다. 풍문으론, 한국에서 대학원 졸업하려면 교수님들 심기 관리하는 게 더 중요하다고 하는데, 정말 미국에서 공부하기로 한 건 잘한 결정이다. 그러도록 이끌어 주시고, 힘주신 하느님께 감사드린다. 유학 간 게 엊그제 같은데, 어느덧 유학 생활도 정리 단계라니 시간은 참 빠르게 흘러간다. 사랑이도 모처럼 골든타임을 보내고 있다. 여행도 하고 원 없이 공부해서 인정도 받고. 그동안 이곳에서 인정받지 못했던 지적 욕구를 맘껏 충족했다는 사실이 뿌듯하다. 시진이도 점점 자리 잡아야겠지. 저만의 라이프 스타일이 있으니 지켜보며 응원할 수밖에. 당사자가 제일 힘들고 절실하다는 진실을 기억하며.

### 2017. 2. 28.

시랑이는 하양이 쏘냐(내가 명명한 시랑이의 소나타)를 몰고 오늘 차로 출근했다고. 완벽주의자 시랑이는 운전하는 게 좀 스트레스인 듯하다. 누구나 겪는 과정이니까. 시간이 흐르면서 경험이 쌓이면 조금은 편해지겠지. 난 지금도 초보의 마음으로 운전하거든. 과정이 어렵겠지만 다 경험만이 해결해 주니까. 시랑아, 자신 있게 파이팅! 넌 잘할 수 있어.

큰언니와 만났다. 언니네 뱀띠 모임의 여행이 취소되어 200만 원씩 돌려받게 되었다고. 그 돈으로 언니는 백화점 단골 매장에 가서 패딩과 트렌치코트를 사셨다. 언니가 이것도 앞으로 얼마나 사 입게 될지 하는 마음으로 건강하고 긍정적으로 노년을 해피하게 누리는 모습을 보니 나도 즐겁다. 호호~ 이 나이에 오늘 예쁘다는 말 두 번이나 들었네!

### 2017. 3. 8.

오늘따라 심심하고 외롭고 쓸쓸하네. 한가함이 때론 공허함으로 새겨 드는 기분. 옛 제자 성준이에게 축하 격려하려던 일이 미루어져서 반디앤루니스 서점으로. 근데 바람이 강하게 분다. 성준이 선물로 상품권 10만 원을 구입하다. 사랑이와 카톡. 삼 남매가 함께 복작거리며 요리하고 여행 다니던 시간이 벌써 가슴 시리도록 그리워진다. 정말 갖기 힘든 기회요, 꿈같던 시간. 그런데 왜 이리 더 공허하고 외로울까? 특히 시진이에 대한 측은지심. 그래, 시진이는 건강하고, 젊고, 영주권 있고, 생각이 바르고. 이 모든 것에 감사해야지.

### *2017. 3. 22.*

몇 년간 나의 발이 되어준 정든 랜져(그랜저)와도 작별해야 할 듯. 무생물에도 정이 드나 보다. 사랑이가 한국으로 돌아오면 몰아야 하는 차로 K3 선택. 이름은 케이티로. 랜져를 먼저 해결하기로. 팔 때는 감가상각비로 가격이 정말 형편없다. 소모품이니까. 정들었는데. 단골 현대자동차 담당자가 잘 처리해 주니 감사.

### *2017. 3. 31.*

오늘 K3 일명 케이티가 오고. 정말 랜져와 이별이다. 떠나네. 흑흑… 고맙고 정들었는데. 무생물도 헤어지려니 마음이 참으로 착잡하다.

### 2017. 4. 12.

사랑이 졸업 앞두고 졸업까지 시간이 비는 동안 사랑이보고 집 보라 하고 시진이는 한국으로 들어왔다. 어차피 사랑이는 졸업 시험 결과도 기다려야 하고. 한 10년 만인가? 자주 만나고 연락해서 생소하진 않지만 그이는 정말 아들 보는 게 오랜만이겠지? 남자들이라 덤덤한가? 오랜만에 보는 리액션 치곤 참 드라이하다. 시진이는 시차 적응 금방하고 오후 5시경 명리학 선생님 만나러 충무로에. 거기에 갔다가 유명한 김어준 씨를 보다. 실제로 보니 피부가 뽀얗고 인물이 좋은 듯.

### 2017. 4. 14.~4. 16.

Day1, 아침 9시 45분발 KTX로 사랑이가 있는 광주행. 이번엔 시진이와 함께. 사랑이도 연가를 냈다 한다. 갈치 정식으로 점심 후 시진이가 운전하여 무등산행. 계곡물, 흐드러진 벚꽃, 예쁜 오솔길, 차도 마시고 저녁은 메밀국수로.

Day 2, 담양으로 가서 죽녹원 걷고 메타세쿼이아는 아직 아기 잎. 녹차 아이스크림 먹고 점심으로 녹차 칼국수 먹고 보성 녹차밭으로. 삼나무 숲길도 멋졌다. 고창 선운사에 가서 벚꽃길 걷다가 숯불에 바삭하게 구운 장어를 먹었는데 정말 맛남. 시진이가 정말 잘 먹는다.

Day 3, 화순 고인돌 유적지에 갔는데 매우 한산한데 참 예쁘고 어마어마한 고인돌들에 압도되었다. 순천 국가 정원에 갔는데 어마어마한 규모여서 놀랐다. 걷기는 좀 힘들긴 했다. 순천 갈대밭으로 가서 저녁노을을 보려 했으나, 이날따라 구름이 많아 잘 못 본 것이 좀 아쉬웠다. 저녁으로 꼬막 정식 2인분과 짱뚱어탕 1인분. 짱뚱어탕을 첨 먹어봤는데 추어탕과 식감이 비슷하고 맛났다.

### *2017. 4. 17.*

어젯밤 광주에서 돌아오고 오늘은 느긋하게 아침을 열었다. 비가 제법 내린다. 시진이는 명리학 공부하러 사무실로. 미국에서 온 보람이 있다고 느낄 정도로 열심이다. 명리학과 한의학을 접목해 보겠다는 생각도 기특하고. 여러 가지 조언 얘기들도 잘 받아들이는 것 같아서 다행이다. 이제 실천하는 길만 남았겠지. 흐름대로 열심히 가자, 시진아!

## 2017. 4. 19.

시진이가 명리학 스승님께서 들은 말씀을 열심히 실천한다. 5시에 일어나서 간단히 챙겨 먹고 뒷산 둘레길에 산행을 가네. 그래, 바로 그거란다. 실천한다는 거! 뿌듯함과 자신의 길에 신념을 가지고 노력하는 자세가 믿음직하다. 점심을 먹고 시진이가 미국에서 직접 만들어 온 사전 주문받았던 공진단을 전달하러 예전 함께 근무했던 선생님들 만나러 갔다. 아들을 위해 영업을 뛰는 엄마.

## 2017. 4. 25.

갑작스러운 계획. 시진이가 한국에 있는 동안 하루라도 허투루 보내기 뭐하다며 남이섬으로 케이티(K3) 몰고. 평일임에도 관광객이 많아 다행. 닭갈비, 막국수로 점심 먹고 1인분은 그이 주려고 포장. 배를 타고 건너서 남이섬에 도착. 500미터 좀 걷다가 가족용 사이클을 빌려 신나게 남이섬 이곳저곳 구경. 다리 운동도 되고. 함께하는 이 행복한 시간이 영원한 추억이 되겠지. 자상하고 매너 있는 아들과 함께하는 데이트. 이런 날도 오는구나. 미국에서 혼자 집 보고 있는 사랑이는 툴툴대면서도 엄마는 자식 복이 많아 번갈아 데이트한다며. 이렇게 엄마랑 함께 해주는 아들도 드물 것. 오는 길에는 차가 막혀서 중간에 마음에 드는 식당에 멈춰서 미역국이랑 과일 주스로 저녁을 해결했다.

### 2017. 4. 28.~4. 30.

Day 1, 시진이가 계획한 대로 3일간의 남도 여행 시작. 아침 기차로 광주로 가서 시랑이네 가서 짐 풀고 시랑이의 하양이 쏘냐를 몰고 고창 선운사 장어구이집(전에 갔던. 시진이가 정말 맛있었다며 다시 가게 됨), 오는 길에 고창 고인돌도 감상.

Day 2, 당진에 정약용(다산초당)으로. 올라가는 길이 나무뿌리가 드러나 울퉁불퉁 험했다. 그치만 올라가서 내려 보니 마을이 다채롭고 경치가 멋지다. 백련사 구경도 하고 동백꽃은 이미 졌지만. 장흥에 가서 소고기, 키조개를 함께 삼합을 해 먹었다. 남해 바닷가 구경 후 돌산대교 쪽으로 갔는데. 장범준인가 하는 가수가 여수 밤바다라는 노래를 부른 여파인지 가는 곳마다 인파가 엄청나다. 근방 바다 횟집에서 도다리쑥국으로 저녁 먹고, 여수 밤바다 보고 호텔로.

Day 3, 간단히 편의점에서 주전부리 사다가 아침 해결하고 통영으로. 근데 시진이는 어제 먹었던 삼합이 문제였는지 컨디션이 영 꽝이다. 체한 거 같기도. 약 먹게 하고 내가 대신 광주까지 조심스레 운전.

## 2017. 5. 6.~5. 8. 제주 여행

    Day 1, 케이티 몰고 김포공항으로. 주차 후 수속하고 한식당에서 순두부, 김치, 된장찌개로 아침. 금새 제주 도착. 사려니 숲길 걷고 춘심이네 3호점에 갔는데 사람이 많아서 그 앞에 위치한 식당에 가서 갈치구이, 해물뚝배기로 점심 해결. '머물다 카페'에서 의외로 맛난 라테 마심. 검은 모래 해변이 유명한 애월 쪽으로 해변도로 드라이브. 시랑이가 예약한 올레길 근처에 위치한 섬오른 호텔에 짐 풀고, 근처 식당에서 오겹살 구이로 저녁.
    Day 2, 섭지코지를 제대로 걷고 절경 구경. 사랑이 미국 유학 전에 세 모녀가 함께했던 그 장소에 다시 오니 미국에 혼자 있는 사랑이 생각도 나네. 유학 가기 전에 송별회 했던 게 엊그제 같은데 이젠 곧 석사 과정을 훌륭히 마치고 졸업을 앞두고 있다니 (졸업 시험 결과는 아직 안 나왔지만). 성산일출봉으로 감. 와~ 멋지다. 아래까지만 시랑이랑 걷고 천일향 주스 마시며 절경 감상. 수국에 진심인 시랑이가 꼭 가야 한다고 해서 수국 축제에 감. 입장료를 인당 11,000원이나 지급하고 갔는데, 핑크 수국만이 피어서 시랑이 실망. 시랑이는 찐 파랑 수국을 좋아라 하는데. 어제 못 먹은 춘심이네 다시 도전. 오늘은 갈치 정식 3인분 먹다. 시진이 소원 풀었나?
    Day 3, 용머리 해변 걷다. 다행히 파도가 약해 걸을 수 있었다. 울퉁불퉁하고 가파른 곳이어서 좀 힘든 코스. 모슬포항에서 표 확인 후 뉴욕 셰프가 차린 레스토랑에서 양식으로 2인분 모듬 요리 먹다. 생각보다 맛있음. 1시 50분에 마라도로. 자장면이 유명하다 해서 먹고, 걷고, 미니 성당에서 사진도 찍고, 다시 모슬포항으로. 렌터카 반납하고 수속 후 공항으로! 모처럼 시진이, 사랑이가 함께한 고맙고 행복한 여행이었다. 감사합니다!

### 2017. 5. 12.

큰언니와 모처럼 H 백화점에서 만남. 밀린 대화 나누고. 형부는 장염으로 고생하고 계셔서 시진이랑 다 함께하는 회식에는 못 오신다고. 대화를 나누는 중에 사랑이한테 톡 전화가 왔다. 와~ 사랑이가 마침내 졸업 시험에 패스했다는 굿 뉴스. 패스가 당연하다 생각했지만, 결과 나올 때까지는 마음을 졸여야 했기에. 게다가 성적이 좋아서 수석 졸업의 영광까지!!! 교수님한테서 친히 전화가 왔다고 한다. 졸업식 때 이름을 호명하는 이벤트가 있다고, 팸플릿에 간단히 자기소개 문구를 작성해서 제출하라고 했댄다. 장하고 기특하다!!! 그저 감사한 마음으로 겸허한 기도로. 이제 차근차근 미국 유학 생활을 정리해야겠지. 후련한 마음으로.

## 2017. 5. 13.

8시 30분경 작은아빠와 만나 산소행. 시할머님 산소부터 시아버님, 시어머님 산소까지 투어. 오랜만에 집안 장손이 왔으니 반가우셨겠지. 오이도에 시동생 단골인 해산물 식당에 갔는데 오랜만에 장손이 와서인지 킹크랩을 쏘셨다. 같이 나오는 여러 쓰키다시가 넘 많아 메인 킹크랩이 나오긴 전부터 배가 슬슬 불러온다. 난 왜 이리 위가 작은 걸까? 맛있는 음식 앞에서 배가 금방 불러오니 속상하다. 시랑이랑 주인공인 시진이가 넘 맛있게 먹어주니 보는 것만으로도 흐뭇하다. 집까지 데려다주면서 형님 주라고 포장한 별도의 음식과 여러 과일까지 전달해 준다. 회사를 운영하면서 또 불편한 형님 대신 집안 어른 역할을 대신해 가족들도 책임지고 있으니, 어깨가 참으로 무겁겠지. 시동생이 잘되기만을 기도드린다.

## 2017. 5. 16.

오늘은 시진이가 미국으로 돌아가는 날. 의젓하게 오늘도 새벽에 호암사에 들러 기를 받고 온다. 이번 한국 방문에서 얻은 흔들리지 않는 자신감과 끈기를 잃지 말기를. 시진이를 인천공항까지 데려다주는데, 나는 속도가 무서워서 30년 운전 경력에도 공항까지 가는 길이 무척 떨린다. 수속하고 점심 먹고 얘기 나누다 입국장으로. 막상 아들래 미랑 헤어지려니 울컥했으나, 마음을 다잡느라 힘들었다. 케이티를 몰고 혼자 집으로 오는 마음이란. 집에 도착하여 사랑이와 통화. 사랑이는 졸업을 앞두고 그간의 자신이 열정을 쏟은 만큼 뭔가 공허함. 행복하지만 허탈한 느낌이랄까? 그런 복잡한 감정을 느낀다고. 또다시 현실과 꿈이 구분 안 되는 듯한 그런 느낌적인 느낌?

### *2017. 5. 18.*

 "인생 너무 어렵게 살지 마세요."라는 혜민 스님의 책 속의 문구. 원래 나 자신도 심각하고 복잡한 거 싫어하지만. 그저 감사함 쪽으로 바꾸면 되는 것을. 그러도록 노력도 하고. 전에 여행책 중에서 아들이 노모와 함께 지구 한 바퀴를 배낭 여행한 내용이 있었는데 그 모자가 〈아침마당〉이란 프로에 나왔다. 물론 아들이 전문 여행가이지만 그 모친도 대단하다. 나도 이번에 아들, 딸들과 함께 여행 많이 했지만 우린 고퀄리티? 여행이었지. 난 아니 우린 고생하는 여행은 노!노! 여행 자체도 피곤한데 고생까지는. 이번에 시진이, 사랑이와 함께 값진 국내 여행을 했는데, 소중한 추억이다. 평소에도 삶은 추억 쌓기라 생각하는데 아름답고 좋은 추억 부자가 되고 싶고 또 그렇게 해오고 있다고 생각한다. 2016년 여름, 겨울 두 번의 미국 여행. 특히 12월과 2017

년 1월 13일까지의 세 자녀와의 추억은 내 인생에서 최고! 물론 통장에 돈은 쌓이지 않았지만, 대신에 더 소중한 추억을 쌓았다. 지금, 이 순간, 기회가 될 때마다 용기 내어 갈 거다. 시진이가 신념을 가지고 자신의 길을 잘 가기를 기원하며. 시랑, 사랑이는 이미 자신의 전문 분야가 있으니 더 발전해 나가길 기원한다.


### *2017. 5. 19.*

오랜만에 장 보러 전통시장으로. 오이랑 작은 참외가 맛있게 생겨 5,000원에 구입 (7개). 아래 동네는 벌써 초여름처럼 너무 무덥다. 그러나 my house는 산바람이 불어 서늘. 간단히 여름옷도 정리하고. 오늘은 시랑이 오는 날! 한 번 보고 두 번 보고 자꾸만 보고 싶은 내 딸, 시랑이!


### *2017. 5. 21.*

시랑이가 미장원 다녀오는 길에 KFC에서 치킨을 포장해 와서 테라스에서 점심으로 냠냠! 모처럼 사랑이와 영상통화. 열심히 한 결과가 나와 뿌듯하다. 서로 흐뭇해하고 감동! 기특하고 이쁘고~~ 내일이 졸업식인데 함께 못해도 축하의 마음은 한 아름. 제 갈 길 잘 가고 최선을 다하는 우리 딸들, 아들. 고맙고 또 고맙고 뿌듯하다.

> ♥ 2017년 5월 22일. 드디어 대학원 졸업식 날. 우연히도 엄마의 생일과 같은 날이네. 2016년 여름과 2017년 초에 두 번 미국에 다녀가셨던 터라 엄마는 졸업식에 참가하지 못하셨다. 언니도 회사 때문에 못 오고. 대신 시진이와 나의 절친 써니가 졸업식에 와서 자리를 함께 빛내주기로. 저녁엔 이모네 식구랑 축하 파티. 대학원 유학 시절을 시작한 게 엊그제 같은데 벌써 2년여의 과정을 마치고 무사히 졸업한다는 게 믿기지 않았다. 게다가 Academic Excellence 부문 수상으로 졸업식에서 이름이 거명되는 명예까지. 그동안 지내 온 모든 과정이 머릿속에 파노라마처럼 스쳐 지나간다. 휴직하고 유학을 결정하기로 했을 때부터 엄마는 내 결정을 존중해 주셨다. 힘들 때마다 전화로 징징거릴 때면, 항상 내 편에서 지지해 주고 믿어주셨다. 엄마가 계셨기에 모든 게 가능했다. Special thanks to Mom!

*2017. 5. 25.*

서울숲에서 모처럼 고교 동창 모임. 고등학교 친구들과 만나면 어느새 여고생이 되어 있다. 채선당에서 점심을 먹었는데, 사랑이 수석턱으로 내가 쐈다. 다녀와서 사랑이와 통화. 점심을 엄마가 냈다고 말해 주었다. 사랑이는 미국에 있는 동안 공부도 열심히 했지만, 동생 챙겨준다고 요리도 하느라 날로 요리 솜씨가 늘었다고 한다. 사랑이의 요리 솜씨가 너무 기대된다. 이제는 내가 하는 요리 말고 누군가가 나를 위해 해주는 요리를 먹고프다.

### *2017. 5. 27.*

시랑이와 롯데 시네마에 가서 '노무현입니다'라는 기록 영화 감상. 영화를 보려니 2009. 5. 23. 사랑이가 신규교사로 근무 시작했을 즈음, 사랑이의 보은 여행으로 함께 부산으로 내려가던 KTX 안에서 속보로 노무현 대통령 서거 뉴스를 보았던 그때가 떠올랐다. 그때는 정치에 무관심했던 시절이었음에도. 그분의 서거 소식을 들으니 그냥 하염없이 눈물이 흘렀었다. 영화를 보니 내가 몰랐던 노무현이란 인물의 진솔한 면을 알 수 있었다. 눈물이 또 난다. 선구자는 외롭고 괴롭고 자신의 목숨을 내던지는 순간, 그것은 끝이 아니라 그의 염원은 비로소 시작되는 거겠지. 아니, 되고 있다고 믿고 싶다. 깨어난 시민들이 주인이 되는 그런 나라 꼭 이루어지기를.

## 2017. 6. 2.

　점심 먹고 시랑이 보러 1시 51분 KTX로 광주행. 기차 안에서 이**이라는 중견 탤런트의 오만함을 보았다. 팬이라고 다가가는 아줌마에게 쌩! 그 아줌마 얼마나 뻘쭘했을까? 좀 친절하게 대해주면 안 되는 거였을까? TV에서 보았던 푸근하고 재미있던 이미지와는 정반대여서 실망이다. 광주에 도착 후, 시랑이가 머무는 관사에 있는 화분 정리해주고. 우리 베이비와 함께 간단히 저녁. 자꾸만 봐도 보고 싶은 나는 딸 바보!

## 2017. 6. 9.

　아침부터 돌풍이 분다. 베란다 앞의 감나무가 바람을 막아준 창문의 덜컹거림은 그리 심하지 않네. 오늘도 집콕이다. 은은한 음악을 들으며 독서도 하고 나만의 녹색 가든에서. 풍성한 나무 냄새 맡으며. 잔잔한 영화도 감상하고. 사랑이와 잠시 통화를 했다. 요즘엔 시진이가 새로 연 진료실 전단지를 직접 돌리러 다닌다고. 전단지 속 사진에 나온 아들이 참 멋지네. 도치 도치(고슴도치의 약자)? 하얀 가운이 넘 어울린다. 예열이 오래 걸리는 아들. 그 대신 식지 않고 끈기 있게 잘 나갈 수 있겠지? 힘들 때 아들에게 비빌 언덕이 되어주고 싶다. 사랑이는 시진이와 내일 카탈리나 섬 1일 코스 여행을 간다고 한다. 바하 크루즈 때 사랑이와 잠시 정박했던 그때의 추억이 새록새록. 내 친구들에게 딸과 내 이야기를 해주면 평범한 모녀 사이는 아닌 거 같다고 한다. 참, 딸도 딸 나름이야. ㅎㅎㅎ

### 2017. 6. 14.

그이가 허리가 불편한지 힘들어한다. 동전 파스를 붙여도 감각이 없다나? 식욕도 없어졌는지 저녁으로 율무차나 타달라고 한다. 빨리 전처럼 컨디션이 회복되어야 할 텐데. 불편하지만 그런대로 잘 버텨줬는데. 그이가 허리가 불편하니 자다가도 일어나서 일으켜 줘야 한다. 그이도 불편하고 힘들겠지만 나도 힘들다. 오늘은 시랑이가 함께 자니 한결 맘이 편하다. 고맙고 믿음직한 딸. 이젠 내가 딸에게 의지하네.

### 2017. 6. 17.

그이 때문에 신경을 써서 그런지 요즘 미열과 어지럼증을 느낀다. 어제는 5단지를 도는데 운동 후 혈당이 떨어져 힘들었다. 근처 병원에 가서 검사를 받아보니 약간의 부정맥이 잡혔으나 염려할 정도는 아니라며. 그이는 다행히 잘 일어나고 평소처럼 자기 일을 스스로 해결한다. 감사합니다!

*2017. 6. 25.*

시진이가 사랑이 누나 생일 선물로 차이콥스키 일생에 관한 발레 공연을 보여준단다. 사랑이는 저녁을 사고. 그래, 마음만은 풍요롭게 고퀄리티 라이프!

*2017. 6. 27.*

오늘은 사랑이 생일. 서로 축하 문자 주고받음. "복 많이 받고 앞으로도 너의 꿈을 펼치렴!" 사랑이는 시진이랑 자축 생일 파티를 했다고 요리도 척척 해내니 대단!

*2017. 6. 30.*

며칠째 지속되는 화장실 공사로 신경을 썼더니 피곤, 스트레스 후

유증, 오른쪽 잇몸이 찌릿찌릿. 세포들아, 미안해! 좀 낫게 해주렴?

사랑이는 이제 셰프의 경지에 오른 것 같다. 혹쉬 요리 천재? 신난다. 이제 곧 귀국하면 딸이 해준 요리 먹을 행복을 누려야지. 물론 재료는 내가 공수해야겠지만. 서서히 사랑이 귀국 날짜가 다가오는구나. 세월의 흐름이 참 빠르네. 정말.

### 2017. 7. 8.

비도 내리고 바람도 시원하게 부는데도 움직이면 덥다. 사랑이가 미리 부친 어마어마한 이민 가방 두 개. 신발을 꺼내 신발장에 대충 넣었다. 수많은 옷. 무소유를 실천하기엔 예쁜 옷에 대한 욕망은 아직인가 보다. 시진이가 연구도 진료실 홍보 전단 돌리는 것도 열심이란다. 벅차고 뭉클하고 안쓰럽고 복잡한 심정이다. 이놈의 측은지심 어찌할꼬? 사랑이와 재회하는 것은 좋으나, 누나 빈자리에 허전해할 시진이가 안쓰럽고. 본인은 그리 생각 안 할 수도 있는데 괜한 걱정일까? 더 힘든 사람들을 생각하며 감사해야지. 목표를 가지고 열심히 사는데. 감사! 감사!

## 2017. 7. 18.

내게 부족한 재운이 있다면 그 운을 시진이에게 주십사고 기도한다. 그래, 미련은 어리석고 나에게 스트레스를 남겨주니. 시진이에게 축복을 돌리면서 맘을 정리해 본다. 사랑이는 동생과의 이별이 힘든 듯. 맘 여린 그 아이가 2년, 길면 길다고 할 세월을 동생과 함께했는데 더군다나 아직 시진이가 완전히 자리 잡지 못했다고 느끼니 맘은 더 애틋하겠지. 아! 삶의 희로애락이여! 만남과 이별의 연속. 짧게 또 길게~ 아들! 넌 할 수 있어. 끈기, 성실, 용기!!!

## 2017. 7. 19.

오늘은 사랑이가 귀국하는 날. 잠이 안 와 잠을 설치고 겨우 두 시간 눈 붙였나? 설레는 마음으로 오전 4시 40분에 인천공항으로 출발! 근데 가는 도중, 벌써 도착해 나와 있다는 사랑이의 전화. 무사히 도착함에 하느님께 감사드리고. 송도에 있는 S 호텔 조식을 먹으러. 근데 영 입맛이 없네. 사랑이가 운전하여 집으로. 곧바로 짐을 풀자마자 어마어마한 옷 정리! 사랑이의 옷들, 옷들, 또 옷들. 암튼 옷 정리 대충 완성. 사랑이는 계속 반성 중이다. 옷을 또 사면 미친X이라나? 어마어마한 양의 옷을 보니 자기가 봐도 답이 안 나오나 보다. 참, 빠른 세월을 실감하며 성공적인 유학 생활을 마쳤음에 감사하고 대견하다. 시진이와 통화했는데 사나이라 그런지 겉으로는 대범, 담담해 보이네.

### 2017. 8. 5.

오늘은 그이 생일. 사랑이가 아빠 생신상 차린다고 어제부터 밑 작업 해두었던 깻잎 새우전을 부치고, 시랑이는 식당에 가서 숯불갈비 포장해오고. 전이랑 갈비랑 케이크 등으로 생일상을 차려서 축하 파티. 미국에 있는 시진이랑은 영상통화. 내년 내 칠순 때는 시랑이, 사랑이와 시간을 맞춰서 스위스 여행 가자는 제안. 아, 생각만 해도 너무나 행복하네. 여행은 그저 기다리는 행복도 참 크다.

> ♥ 인간은 한 치 앞의 일도 모른다더니… 이때는 스위스 여행을 꿈꾸며 행복한 순간을 보냈구나. 우리에게 곧 닥칠 위기는 모른 채…

### 2017. 8. 18.

옷 많이 산다고 사랑이에게 핀잔을 줬었는데. 나도 아직 예쁜 옷에 대한 욕망이 살아 있음을 깨닫는다. 누가 나더러, "어쩜, 저리 예쁘게 옷을 입으실까?" 했다고 언니가 전해줄 때면 기분이 덩달아 좋아진다. 오늘도 언니랑 백화점에서 엄청 세일하는 옷을 싸게 건지 내 자신을 합리화해 본다. 근데 막상 사랑이 눈치가 보이네.

### 2017. 8. 29.

복직을 앞둔 사랑이는 탈이 났나 보다. 나른거리고 온몸이 묵직하다며. 겸사겸사 내일은 사랑이 병원 검사가 예약되어 있다. 좋은 결과 나오기를 기도함. 하느님, 들어 주시옵기를.

> ♥ 우연히 주말 드라마에서 여주인공의 친정엄마가 쓰러지며 병원에 가서 검사받는 내용이 나왔다. 평소 보지도 않던 드라마였는데. 하늘에서 보내온 계시였을까? 무심코 지나쳐 버릴 수 있었지만, 엄마는 내가 그 장면을 심각하게 눈여겨본 것을 눈치채시고, 겸사겸사 복직 전에 건강검진 겸 병원에 가보자며 전화로 바로 예약을 잡으셨다. 병원 가는 것을 끔찍이도 싫어했던 나였지만, 운명이었을까? 순순히 불안한 마음에 엄마가 하자는 대로 따랐다.

### 2017. 8. 30.

사랑이 병원 검사하는 데 함께 갔다. 검진, 그런데 초음파 검사를 마친 의사의 표정이 심각해지더니 조직검사를 하잔다. 불안이 엄습해 온다. ·················

검사 마치고 연수 딸내미 유나를 보러 갔다. 오랜만에 방긋방긋 웃어주는 갓난아기를 보니 너무 귀엽다. 조금 마음이 풀리네. 그래, 모든 상황은 기분에 따라 다른 것. 마음을 다스린다는 것. 제발, 제발, 제발~ 액땜으로 생각하고? 이보다 더 힘든 사람들 생각하면서. 사랑아, 용기 내고, 잘 견디자!

### 2017. 8. 31.

애써 아닌 척 태연한 척. 사랑이와 난, 서로 의지하며 불안함을 달래고 있다. 결과를 기다리는 길고 긴 이 기다림! 어리석은 인간들. 미리 불안해야 할 필요가 없음을 알지만 나약하고 의지 없음을 느껴본다. 이번에도 인생의 한고비를 넘는다고 생각하지만. 다시 한번 나약함을 느껴본다. 몇 고비를 넘겨야 하나? 사랑, 파이팅!!!

## 2017. 9. 1.

운명! 혹시나? 했지만… 받아들임. 사랑이는 온갖 검사를 받느라 힘들다. 결과도 얘기할 겸 시동생네로. 다들 충격받은 눈치다. 모두의 의견이 큰 병원의 전문의사를 찾아가서 제대로 검사받아 봐야 한다며. 결국 유명하다고 하는 S대 한** 박사님한테로 겨우 예약. 혹시나 다르게 좋은 결과가 나오진 않을까? 긍정, 긍정, 긍정! 감사, 감사, 감사!

♥ 혹시나 하는 기대는 역시 아니었다. 정확한 진단은 추가 검사를 마친 후에야 나올 테지만, 조직검사로 보이는 암세포 크기상으로는 상당히 심각한 상황일 수도 있다는 의사의 진단. 내가 죽는다고? 큰일 앞에선 오히려 현실감각이 사라지는 걸까? 아니면 막연한 희망인 걸까? 마음이 싱숭생숭하여 며칠 전 엄마랑 책방에 들러 샀던 마음을 안정시키는 데 도움이 될 만한 책 중 이해인 수녀님이 쓴 책을 읽었다. 하늘나라에 가면 먼저 세상을 떠난 사랑하는 사람을 그곳에서 만날 수 있으니, 꼭 죽음이 두려운 일만은 아니라는 취지의 내용이 있었다. 하지만 나는 이 글귀가 아직은 마음에 와닿지 않았다.

### 2017. 9. 3.

어두운 터널을 지나는 중인 것 같다! 노력! 또 노력! 긍정의 힘으로! 마음이 변치 않으면 얼마나 좋겠냐마는. 시시각각 변하니 힘들다. 사랑이와 서로 위로하고, 또 불안감에 젖고, 꿈을 꾸는 것 같다. 꿈을 꾼다. 악몽을! 그러다 시간을 또 흐르겠지? 아, 그랬었지? 하겠지?

### 2017. 9. 5.

엄마에게 의지하며 말로 형용할 수 없는 불안, 두려움을 달래려 하는 사랑이. 내가 더욱 강인해지고 의연해져야 할 텐데. 세상에서 제일 힘든 게 마음을 다스리는 것. 어쩌나? 주어진 현실을 받아들이면서 긍정의 힘으로 앞으로 다가올 일들을 이겨내야지. 사랑이를 걱정해 주고 기도해 주는 모두에게 감사하다.

### 2017. 9. 6.

오늘 하루도 밝았다. 새날을 주심에 감사드립니다. 꿈? 현실? 그것은 동전의 양면. 현실은 잔영을 남기고 또 꿈이 되고.

## 2017. 9. 9.

　드뎌 S대 검진 예약. 와! 대학병원의 풍경. 전국구에서 몰린 환자들로 혼잡. 겨우 순서가 되어 의사 선생님을 만났으나, 기대에 맞는 답은 없고. 수술받기 전에 항암부터 먼저 해야 한다는 말에 사랑이는 스트레스와 불안이 커진 눈치. 암세포의 사이즈를 줄여야 하는데 항암을 몇 번 해야 한다는 보장도 없어, 직장에 병 휴직을 신청해야 하는데 기간을 어느 정도로 봐야 할지 난감하다. 사랑이의 질문에 의사 선생님은 죽고 사느냐의 문제를 두고 왜 그런 하나 마나 한 질문을 하냐는 식으로 퉁명스러운 태도로 답한다. 나도 덩달아 불안해져 결정 못 하겠고 사주 봐주시는 잠실 아줌마에게 전화를 걸어서 어떻게 해야 할지 조언을 구했다. 사랑이에게는 조용하고 사랑이의 마음을 어루만져 주는 그런 곳에서 진료받는 것이 맞겠다는 조언이 맘에 들어왔다. 돌아오는 길에 큰언니와 오랜만에 만나 점심 먹으면서 사랑이 일에 관해 얘기했더니, 언니도 적잖이 충격받으신 눈치다. 그렇지, 꿈을 실감 나게 꾸고 있는 거지. 선택에 후회는 말자. 시진이는 평소부터 복잡한 대학병원의 시스템에 관해서 문제점을 지적하곤 했었지. 꼭 크고 좋은 대학병원보다, 환자인 사랑이가 맘 편하고 친절한 의사 선생님이 있는 곳에서 수술받는 것이 좋겠지. 결국 처음 검진받았던 병원에서 수술과 치료를 받기로 했다. 의사 선생님과 좋은 인연을 기대하면서.

## 2017. 9. 10.

어느 병원에서 수술받을지 결정하고 나서 일사천리로 수술 일정을 잡았다.

의사 선생님 말씀대로 각오(항암)하려니, 백화점에 가서 미리 가발도 준비. 의외로 의연히 잘 견뎌주는 사랑이를 보며 더 낮은 자세로 겸허한 마음을 가지며 기원한다. "어떠한 여건이라도 감사히 받아들이며 모든 치료를 잘 받을 수 있는 체력과 정신력 주시옵기를 기원합니다."

## 2017. 9. 11.

어제는 또 잠을 설쳤다. 불안함! 아, 마음을 다스릴 수 있다는 것이 얼마나 어려운 일이란 생각은 드는데 그대로 안 따라주는 괴로움. 왜 밤에는 더욱 생각이 복잡해지는지. 사랑이는 어떨까? 어떤 마음일까? 잘 자고 있으면 맘이 놓이고. 감사히 받아들이고, 모든 과정을 굳세게 체력도 감당하며 넘을 수 있기를 기도. 벗들도 기도해 준다고. 고맙다. 난 그동안 그들의 고통에 얼마나 위로가 되어주었는지 반성해 본다.

♥ 엄마가 친구들에게 내 수석 졸업 턱을 쏜다고 행복해하셨던 게 얼마 전인데. 딸이 큰 병에 걸려 그들의 위로를 받게 되다니.

### 2017. 9. 12.

오늘밖에 시간이 없을 거 같아 파마하기로. 원래는 앞으로 머리카락도 빠질 사랑이를 생각하니 미용실에 간다는 말을 선뜻 내뱉기 망설여져서 그냥 함께 두건 쓸까? 하고 얘기했더니 사랑이가 반대하며 얼른 미용실 다녀오라 한다. 평상심을 유지한다는 것이 힘들 텐데 사랑이는 참 대단하고 사랑스러운 딸이다. 의연하게 오늘도 힐링 코스인 둘레길에 다녀왔다고. 나무 친구를 만들었는데 잣나무여서 "쟈니"라고 부른다. 오늘도 쟈니랑 한참 대화를 나누고 왔다고. 며칠 전 큰언니가 보내 준 "하나님의 편지"라는 글은 음미할수록 하느님이 사랑이에게 주신 메세지 같았다. 사랑이는 처음 그 글을 읽었을 때 갑자기 오열하기 시작했다. 내 품에 안겨 한바탕 오열하고 나서는 이후로 더 이상 눈물을 보이지 않고 의연하게 대처하기 시작했더랬다. 나는 예쁜 카드 위에다 〈하나님의 편지〉 글을 다시 정성스레 써서 사랑이에게 주었다.

♥ 인생은 롤러코스터와 같다는 것을 실감했던 시간. 나는 몇 주 전까지만 해도 수석 졸업에 앞으로 다가올 창창한? 핑크빛 미래를 꿈꿔왔다. 이젠 살고 죽고의 문제를 가지고 불안해하고 있다. 한순간에 나락으로 떨어진 느낌이었다. 평소 건강에 자신만만했는데 이런 불행이 내게도 일어날 수 있다는 것을 현실로 받아들이는 데까지 시간이 걸렸다. 엄마를 따라서 그동안 냉담했던 성당에 가서 기도를 해봤지만 집중되지 않았고. 주변 사람들을 보니, 나만 빼고 모두 희희낙락 행복해 보였다. 그때 깨달았던 바가 바로 우리는 각자의 우주에서 살고 있다는 것이었다. 아무도 나의 아픔을 대신해주지 않는다. 나는 나의 우주에서 버텨내고 살아가는 것. 큰이모가 카톡으로 〈하나님의 편지〉 글귀를 보내 주셨다. 내용 중에 지금 네가 겪고 있는 이 고통은 너의 오만함을 깎아주기 위한 것이라는 부분이 가슴에 와닿아 갑자기 눈물이 왈칵 쏟아졌다. 그전까지 내가 이룬 모든 성과는 오롯이 나의 노력 덕분이었고 나에게 건강은 당연한 것이라고 생각했는데... 이런 큰 병을 진단받고 나니 이제까지 내가 얼마나 오만함에 사로잡혀 있었나 하는 반성이 들었다. 인간은 그저 우주의 티끌 같은 존재일 뿐. 하나님이 내 모든 행동을 다 지켜보고 계신다는 생각이 드니, 하나님께서 내게 주신 숙제와 같은 이 상황을 겸허히 받아들이고 잘 견뎌내는 모습을 보여드려야겠다는 다짐이 들었다. 엄마의 품에 안겨 모든 눈물을 다 쏟아내고 나서, 이후로는 절대로 울지 않겠다고 결심했다.

본격적인 수술과 치료를 앞두고 체력을 다지기 위해서 집 근처 둘레길 산책을 했다. 어느 날 중간에 있는 잣나무 쉼터라는 공간에서 잠시 숨 고르기를 하며 쉬고 있는데 갑자기 나무 위에서 뭔가 톡 하고 떨어져 후드티 모자 안으로 쏙 들어갔다. 뭐지? 하는 마음에 엄마한테 부탁해서 손을 넣어 뒤져보니 잣알 하나가 들어 있었다. 모든 긍정적으로 생각하기로 결심했기에 왠지 나는 이 잣나무가 나에게 힘내라고 응원을 보내고 있는 건 아닐까? 하는 생각이 들었다. 집에 돌아와서 그 잣알을 보석함에 넣어 보관했고 그날부터 나는 이 잣나무를 '쟈니'라고 부르기 시작했다.

### *2017. 9. 13.*

사랑이와 둘레길 힐링 코스. 오늘은 오늘 일. 오늘의 태양을 바라보며 다가오지도 않은 미래를 상상하며 두려워하지 말아야 할 텐데. 인간의 어리석음인 줄 알면서도. 고맙다. 기도해주는 모든 이들. 사랑이랑 오늘부터 함께 9일 기도하기로. 잘 따라주고 인생의 가르침을 받아들이려 하는 사랑이의 자세가 기특하다.

## 2017. 9. 16.

아, 꿈처럼 지나간 며칠. 사랑이의 발병-진단-수술 결정-마음의 갈등-수술 성공-그리고 치료 중. 지금 사랑이는 병원 병실에서 수술 후 치료 중이다. 꿈같기도 하고, 그런데 시간은 여전히 흐른다. 계속 흐르겠지. 긍정의 힘으로 잘 견뎌준 사랑이가 대단하고 고맙다. 아직 또 넘어야 할 숙제, 산이 있지만 함께 마음으로 통하며 이겨내야지. 하느님의 편지를 마음에 새기면서. 힘들겠지만, 그래도 넘어야 할 산이라면 넘어야겠지. 사랑아, 힘내자! 긍정의 힘으로!

♥ 엄마가 돌아가시고 나서 작은엄마한테서 들었던 애기인데, 엄마가 내가 수술방에 들어가면서부터 수술이 끝날 때까지 내내 우시면서 "모든 고통은 제가 감당할 테니, 우리 사랑이는 아프지 않게 해주세요. 제발 사랑이가 무사히 수술 마치고 회복될 수 있도록 도와주세요."라고 기도하셨다고 한다. 수술 후, 마취가 끝나고 났을 땐 여느때처럼 엄마는 너무도 의연하고 든든하게 내 곁을 지켜 주고 계셨기에 나는 그 당시 엄마가 그렇게 오열하셨을 거란 생각은 하지 못했다. 엄마는 늘 강한 존재라고 여겨왔는데, 엄마한테 너무도 큰 고통을 안겨드렸다. 내가 보지 않는 곳에서 이렇게 많이도 우셨구나. 큰 불효를 저질렀다는 생각에 너무도 가슴이 아팠다. 엄마, 미안해!

## 2017. 9. 18.

　수술 결과 체크. 외과, 성형외과 선생님과 면담 후 처치받고. 다행히 수술 상처가 잘 아물고 있다고. 요즘의 화두는 그저 "감사"다. 감사 외에는 어떤 말로도 표현이 안 되는 감사함! 세상을 다시 보게 됐다고, 글귀들을 받아들이는 내 딸! 기특하고 고맙다. 하느님! 당신의 도구를 새롭게 써 주소서. 그동안의 은혜와 사랑 벅차오나, 이 시련을 승화하여 다시 태어나는 삶! 오만의 돌덩어리를 깎아 보석으로 삼으려 하신다는, 그 말씀 가슴에 새기나이다. 더 겸허하게 감사하게 살겠나이다. 모니카(사랑)에게 주신 달란트. 아이들에게 배움의 기회를 가질 수 있도록 꼭 지켜 주시옵소서. 말씀 가슴에 새기며 노력하겠나이다. 감사! 감사합니다. 오후에 힐링 코스에 가서 사랑이의 나무 친구, 쟈니에게 사랑이가 수술 잘 마치고 회복 중이라고 대신 안부를 전했다. "사랑이 친구, 쟈니야, 우리 사랑이 지켜다오. 너의 순수하고 강렬한 자연의 에너지로 사랑이가 하나님이 주신 어려운 숙제를 잘 해결할 힘을 다오!" 치유의 공간, 그리고 공기, 이 모든 것이 사랑이를 치유해 주기를 간절히 기원, 또 기원했다.

## 2017. 12. 27.

그동안의 일들. 사랑이 4차에 걸친 항암 치료 - 회복기.

예외란 없다고 두 번째 항암을 시작하니 사랑이의 머리가 한 움큼씩 빠지기 시작했다. 의외로 의연한 사랑이는 "엄마, 이거 봐요. 나 꼭 외계인 같아요."라고 말했다. 스스로 달라진 외모를 보면서 얼마나 가슴 아팠을까? 사랑이는 고열이 나서 두 번이나 응급실행 후, 입원했었다. 폐렴으로 이어질 수 있어서 고열은 위험하다고 했는데 고비마다 무사히 잘 넘겼다.

나는 설거지 하다가 손을 베어서 손가락에 깁스 한 달. 항생제가 잘 안 받는 데다가, 항생제의 부작용으로 심신이 더욱 쇠약해진 거 같았다. 아픈 사랑이 앞에서 강한 엄마가 되려고 노력했다. 이젠 모두가 지나간 시간이네. 폭풍과 같았던 2017년을 잘 마무리하게 된 모든 은혜에 감사드립니다. 이제 힘든 항암은 끝났고 몸을 회복하면 된다. 남아 있는 표적 항암 치료 과정도 다 잘될 거야. 감사! 감사! 감사!

## 2017. 12. 31.

대단한 사랑이! 기어코 스스로 준비한 요리, 홍합탕, 라자냐, 칠리새우, 게살 가지찜, 아스파라거스구이 등으로 멋지게 항암 끝난 기념

자축파티 상을 차렸다. 일명 아듀~ 2017년 파티! 멋진 장식과 함께. 다사다난. 영광-고통-감사로 끝마무리하고 2018년은 더 성숙하고 감사로 충만한 한 해가 되기를 기원해 본다. 딸 사랑이를 존경하기로. 나보다 훨씬 낫다. 고맙고 또 고맙고, 기특, 안쓰러움, 모든 감정이 혼재한다. 사랑이가 의연하게 중심을 잘 잡아주니 늙을수록 약해지는 내 마음의 대들보 같다. 처음 누나의 소식을 전해주었을 때 전화기 너머로 울먹이던 시진이가 가끔 울컥 보고 싶은 마음이 절절하지만, 그것도 서로에게 주어진 운명이기에. 시진이가 2018년에는 좀 더 자리 잡고 여유 있게 1년에 한 번 정도는 왕래했으면 하는 소원. 좋은 배우자도 만나고. 모든 것은 하느님이 시진이를 위해 세워두신 인생의 프로그램으로 진행되겠지.

사랑이의 '아듀~ 2017년 파티' 자축 상

2018년

### 2018. 2. 12.

둘째 형부 별세 소식. 마음이 착잡하다. 주변에서 전해오는 부고 소식을 접하는 횟수가 늘어가는 인생의 페이지로 접어들었구나. 형부의 명복을 빕니다.

### 2018. 3. 1.

2018년 파이팅! 건배!

신년 여행 겸 기분 전환으로 세 모녀 속초 여행을 계획했다. 사랑이와 먼저 쏘냐로 속초에 새로 생긴 L 리조트로. 시랑이는 일 마치고 속초 터미널에서 리조트로 합류하기로 했다. 비가 내린다. 대포항에서 매운탕으로 점심. 리조트 방에서 바라보는 바다 뷰가 너무 멋지다. 저녁 먹고 모처럼 리조트 지하에 있는 노래방에 가서 신나게 노래를 불렀다. 생글생글 웃으며 노래 부르는 사랑이를 보자니 여러 감정이 다시 스쳐 간다. 그동안 순간순간 얼마나 막막했을까? 두려움, 공포, 안쓰럽고 애틋하고. 지금, 이 순간이 다시금 꿈처럼 느껴진다. 바에 가서 무알콜 칵테일 피나콜라다를 시켜서 짠 건배했다. 밤바다를 보며. 내일 점심엔 기다리고 기다리던 킹크랩을 먹으러 갈 거다.

속초 겨울 바다

### 2018. 3. 2.

큰언니랑 오랜만에 만남. 옆집과 땅 문제가 생겨 다용도실을 허문다고 심란해하신다. 백화점에 가서 기분 전환 겸 90% 이상 세일하는 상의를 구입했다. 아직도 예쁜 옷을 보면 가슴이 설렘? 비싼 옷을 싸게 샀다는 게 돈을 쓰고도 왠지 돈을 번 느낌. 집에 와서 시진이랑 통화. 휴~ 시진이의 한숨 소리. 불확실한 미래. 원래 계획대로 일이 안

풀릴 때의 불안. 타국에서 스스로 개업했지만, 작게 아주 작게 출발했으니 인정받기가 쉬운 일이 아니겠지. 지금 명리학을 꾸준히 공부 중. 그저 잘 버텨주기를, 건강하기만을! 하느님의 시간이 계획해 주신 시간을 기다리며 기도, 기도, 기도할 뿐.

### *2018. 3. 4.*

느긋하게 아침. 비가 오는 듯해서 산책은 취소하고 점심 후, 연수 딸내미 유나보러 Go! 작은아빠는 사랑이 줄 건강한 간식을 준비차 백화점에 가셨다고. 건강 과자, 만두, 과일 등. 괜한 수고를 드린 것 같아 죄송하고 또 감사하다. 유나랑 실컷 놀고 옴. 참 귀엽다. 돌아오는 길에 예술의 전당에서 알베르토 자코메티 조각전 감상. 사랑이랑 커피랑 주스랑 나눠 마시고 모처럼의 맑은 하늘도 감상. 오랜만에 느끼는 소.확.행. 행복은 스스로 만드는 것. 내 마음에 따라. 행복은 찾을 수 있고 느낄 수 있구나.

### *2018. 3. 8.*

시진이 전화. 지금 여러 가지로 번민이 많다고. 미래의 불확실성. 뜻대로 안 될 때의 불안. 한국으로 다니러 온다고. 그래, 절실할 때, 문제를 풀고, 새로운 용기와 에너지를 얻어가는 것도 필요하지. 본인이 가장 절실하리라. 믿고 응원해야겠지. 때를 기다리며 현명하게 대처하기만을.

### *2018. 3. 13.*

드뎌 시진이 귀국. 이번에 와서 에너지를 받고 인생의 지표를 확실히 할 수 있는 계기가 되기만을. 본인이 제일 절실할 테니, 충고 따위는 별로 도움이 되지 않을 터. 시진이가 오랜만에 둘째 누나를 보더니 만감이 교차하는가 보다. 그래도 지금은 사랑이의 머리가 1센티 정도는 자라 있어서 다행이라고 해야 하나?

### *2018. 3. 18.*

시진이랑 잠실 아줌마네로 인생 상담. 시진이는 자신의 인생이 잘 안 풀리는 게 자기 코가 낮아서인가까지 생각하고 있다. 사실 필요하다면야 지원해 주고 싶지만. 그만큼이나 절실한 마음이겠지? 그 전에 상담을 받아보는 것도 좋을 거 같아서. 주어진 연단의 시간을 잘 이겨내면 잘 된다는 상담의 효과가 있었는지 코 성형은 포기했다. 다행이다. 자신감도 생긴 것 같다.

### 2018. 3. 19.

시진이랑 사랑이랑 셋이 함께 강화도행. 시진이가 장어구이 먹고파 해서 갯벌 장어집을 갔는데 시진이는 잘 먹는다. 점심 먹고 보문사로 Go! 엄청난 오르막길. 시진이가 등을 밀어주었지만 눈앞의 엄청난 계단을 보고 포기하려 했다. 그런데 계단의 이름이 〈소원성취〉하는 계단이라고 하니 포기할 수 없었다. 결국 오르고 올라 눈썹바위까지 정복! 시진이가 대단하다고 칭찬해 줬다. 오르고 나니 기분이 좋다. 왠지 소원이 성취될 것 같은 기분.

### 2018. 3. 23.

사랑이가 몽중헌에서 점심을 내기로 했는데 큰언니가 대신 사주셨다. 즐거운 대화 시간. 내일 일본 여행을 떠나신다. 건강하고 젊게 사시니 행복한 노년을 보내신다. 시진이가 운전하여 종묘를 처음으로 관람. 고즈넉하며 여유 있는 행복한 시간. 어찌 됐든 멀리서 시진이가 와줘서 이렇게 함께하는 시간을 가지니 더할 나위가 없네.

## 2018. 3. 25.

오전에는 시진이랑 작은아빠네랑 함께 산소 투어. 암튼 오랜만에 장손의 역할을 하는 거다. 작은아빠가 단골 일식집에서 회랑 스시를 사주셨다. 사랑이도 김초밥을 맛있게 잘 먹었다. 집에 돌아와서 사랑이의 극성으로 가족사진을 찍기로 했다. 시랑이가 사진 배운다고 산 고급 카메라로 찍기로 했다. 이렇게 다섯 식구가 다 모여서 사진 찍는 일이 흔치 않을 거라며. 사랑이는 의상 컨셉으로 블랙과 화이트를 정해주어서 나름 맞춰서 입고 나왔다. 옷 갈아입기 불편해하는 그이만 빼고. 결국 네 사람은 블랙과 화이트로 깔맞춤, 그이만 회색 옷을 입고 찍었다는. 이왕이면 사진이 잘 나왔으면 좋겠네.

> ♥ 이때 찍은 사진은 다섯 식구가 다 모여 완전체로 찍은 마지막 사진이 되었다. 작게 축소해서 액자에 끼워 엄마의 납골당 자리에 넣어 두었다.

## 2018. 3. 30.

어제는 남이섬으로, 오늘은 광명동굴로. 베스트 드라이버 시진이 덕분에 종횡무진 편안히 행복한 시간을 보내다. 오후에 시진이가 성당에 가서 영세 증명서를 받다. 이제 미국 성당에서 믿음도 갖고 인맥도 쌓으며 소원대로 좋은 배우자도 만나게 해주시기를 기원. 한의원이 자리 잡을 수 있도록 기원. 사랑이가 삼단 트레이에 예쁘게 핑거푸드를 요리해서 시진이와의 송별 파티를 준비했다. 벌써 이별의 시간이구나.

### 2018. 4. 1.

3주간이란 시간이 빨리도 흘러 오늘은 시진이가 떠나는 날. 함께 식사하고 여기저기 다니면서 추억을 쌓았다. 이번 여행을 통해 에너지를 얻고 다시금 자기의 일에 정진하기를. 힘들 때 힘이 되어주는 게 가족이란 존재. 공항에서 맞는 이별의 순간. 밀물처럼 밀려오는 허전함! 내 마음을 뒤흔든다. 그래도 두 공주님이 함께하니 다행이다. 밤 12시 30분쯤 시진이가 미국에 무사히 도착했다는 메시지를 보내왔다. 다행. 감사합니다!

### 2018. 4. 2.

아직도 시진이와의 이별의 여운이. 자꾸 울컥울컥 여운에 가슴이

저리네. 왜 이리 마음이 멜랑콜리해질까? 시진아, 행복해다오. 좋은 배우자 만나고.

### 2018. 4. 9.

그이 창 쪽에 있던 화분 잔해들 정리. 이제 밖에 있는 화분대의 제라늄을 갖다 놓는 일이 남았다. 예전 스위스 여행 때 테라스 여기저기 걸려있던 형형색색의 제라늄 화분들이 예뻤던 기억이 생생해서, 그 이후는 울 집 베란다 화분대에도 제라늄을 놓은 것이 하나의 의식처럼 되어버렸다. 누군가는 울 집 베란다를 바라보며 '참 예쁜 집이구나' 하고 느낄 수 있도록. 점심 후 날씨가 좋아져 사랑이와 서울 대공원 행! 햇볕도 좋고, 벚꽃도 활짝! 스카이 리프트를 타고 가니 바로 눈앞에 만발한 벚꽃을 보니 마치 봄의 천국에 온 기분이 들었다. 꽃은 힐링이다. 머릿속엔 내일은 수국을 잔뜩 사서 베란다 장식해야지 하는 생각. ^^

### 2018. 4. 10.

수국 등을 잔뜩 사서 나의 베란다 정원 완성! 현기증도 나고 치통도 있고. 암튼 무척 기력이 딸린다. 딸들, 특히 사랑이는 제발 쉬라며. 근데 나는 한번 발동이 걸리면 누구도 말리지 못한다. 끝까지 해버려야 직성이 풀린다는. 그래도 꽃들이 만발한 베란다를 보니 너무 기분이 좋다. 피곤해서 일찍 자러 갔다.

### *2018. 4. 13.*

사랑이는 대학교 친구들과 강릉으로 여행간다. 용돈 쓰라고 10만 원 주니 행복해하네. 근데 비가 추적추적 내리고 으슬하다. 그래도 친구들과 즐거운 시간 보내고 오겠지?

### *2018. 4. 20.~4. 21.*

Day 1, 막내 작은아빠 아들인 재호가 부산에서 결혼한단다. 원래는 안 가려고 했으나 사랑이가 바람 쐴 겸 여행 가고 싶다고 해서 결국 기차 타고 부산에 가기로. 송정에 있는 호텔에 자리를 잡고. 나름 바다가 보이는 뷰. 가자미 미역국과 갈치구이가 참 맛있다. 뒤척였다고 생각했는데 딸들 말로는 익룡 소리를 내며 잘 자더라고?

Day 2, 호텔 조식을 먹고, 저번 연수 결혼 때 나만 한복을 입지 않았던 것을 거울삼아 이번엔 한복을 챙겨가서 어색하게나마 입고선 식장에 갔다. 근데 내 한복 저고리가 짧다며 한마디 거드는 시누이들. 그러고 보니 요즘 한복 트렌드는 저고리가 길구나. 한복을 입고 가도 잔소리를 듣는군. 올케와 시누이 사이란. 나중에 그 얘기를 들은 딸들이 고모들한테 어이없어하면서도 엄마한테 요즘 한복 하나 맞춰주지 못한 자신들을 탓한다. 그러고 보니 이 한복이 큰언니 큰며느리 시집올 때 혼수 선물로 받았던 거니 꽤 오래된 거네. 뭐 괜찮아, 엄마는 한복 잘 안 입으니까. 딸들만 내 편이면 돼. 다시 기차 타고 서울로. 피곤하네. 참, 집안 어른 노릇 하기 힘들다. 그래도 사랑이가 오랜만에 부산 구경하고 행복했다니, 그걸로 됐다.

### 2018. 4. 27.

아, 역사적인 순간 - 남북정상회담! 우리 민족에게 전쟁의 위험이 없었던 적이 있었나? 제발, 전쟁의 위험에서 살아온 우리지만 우리 후손에게는 없어야겠지? 하느님께서 지켜 주시겠지!

### 2018. 5. 20.

어느덧 내 나이 70세? 두 딸이 마련해 준 파티. 언니 내외만 초청.

언니의 격려와 배려도 감사! 딸내미와의 제주 여행, 호텔도 좋고 풀장도 베스트! 아름다운 메모리에 한 편이 기록됨. 사랑이가 휴직하며 시간이 날 때 가을 여행도 계획해야겠다.

> ♥ 까맣게 잊고 있다가 원래 엄마의 70세 회갑 축하로 모녀 스위스 여행을 계획했었다는 걸 엄마의 일기를 통해 새삼 알게 되었다. 갑작스럽게 닥친 나의 투병 생활로 인해 스위스 여행이 제주도로 바뀌어 버렸었구나. 결국 세 모녀의 스위스 여행의 꿈을 끝내 이루지 못한 채 엄마가 이 세상을 떠나 버리셨다는 게 무척 아쉽고 슬프다.

### 2018. 5. 24.

저번 제주 여행 때 호텔에서 했던 그림 교실 경험이 좋았던지 사랑이가 그림을 계속 그리고 싶다 한다. 여기저기 검색해 보더니 동네 그림 교실을 찾아냈다. 엄마 껌딱지 사랑이는 나랑 꼭 같이 다니

카페 아뜰리에

고 싶다고 하여 사랑이랑 그림 교실에 등록하러 갔다. 1층은 카페, 계단을 올라가면 다락방 같은 구조의 그림을 그릴 수 있는 공간이 별도로 마련되어 있다. 이용료를 내면 그림 재료가 모두 제공되니 따로 준비할 게 없어 편할 거 같다. 나도 사랑이 덕분에 오랜만에 그림을 그려 본다. 사랑이는 모녀 그림전을 열 거라며. 열심히 그려야겠다.

♥ 우연히 그림을 그릴 기회를 가지고 나서 계속 그림을 그리고 싶어서 그림을 그릴 수 있는 동네 아뜰리에를 발견했다. 제주도에서나 이곳 아뜰리에에서나 엄마는 숨겨진 그림 실력을 발산하셨다. 모두 엄마의 그림을 보면 솜씨가 대단하시다며 칭찬 일색. 정작 그림 그리자고 졸랐던 건 나인데. 엄마는 참 다재다능하다. 그런 엄마를 볼 때마다 존경심이 들면서도 한편 질투도 났더랬다.

### 2018. 5. 28.

사랑이 병원 검진 갔다가 오는 길에 올림픽 공원 장미 축제에 가다. 아~ 아름다워라. 꽃향기에 듬뿍 취하고 사진도 많이 찍고. 오는 길에 장보고 사랑이가 좋아하는 월남쌈을 만들었다. 잘 먹으니 흐뭇하다. 건강식으로 섭취하니 좋은 현상. 나도 덩달아 건강이 더 좋아지겠지?

고교 동창이 옛날 사진을 전송해 주었다. 옛날 사진을 보고 있자니 정말 지나온 삶은 순간이란 생각이 든다.

### *2018. 5. 30.*

오늘은 사랑이랑 송도로 go! 호텔 안에 있는 이태리 커피 전문점인 일리에서 커피 마시며 소.확.행. 사랑이가 검색해서 알아낸 풀 사이드 바가 멋진 풀사이드 228이란 곳에 가서 샐러드와 파스타로 점심을 먹다. 송도의 센트럴 파크는 정말 뉴욕의 '센트럴 파크' 같은 기분을 들게 만든다. 평일에 이렇게 딸내미랑 여유지게 즐기는 순간이 소중하다. 사랑이가 병 치료와 회복차 휴직을 하는 바람에 이런 시간을 보낼 수 있는 거겠지. 인생에 뭐든 공짜는 없다.

### *2018. 6. 1.~6. 2. 강릉 여행*

Day 1, 사랑이와 강릉으로 go! 강릉에 도착해서 얼큰한 장국수로 점심을 먹었다. 걸쭉하고 토속적인 맛. 오죽헌에 가서 신사임당님 뵙고 근처 갤러리 겸 카페에 가서 커피도 마시고 그림 몇 점도 감상했다. 경포대 바다 근처에 있는 스카이베이 호텔에 짐을 풀었는데, 방에서 바라보니 바다가 쭉 펼쳐져 있어 멋지다. 사랑이가 너무 행복해한다. 바닷가 산책로에서 잠시 산책하고 하루를 마무리하다.

 Day 2, 다음 날 태양이 떠오른다. 동해라 그런지 정말 일출이 장관이다. 뷔페로 아침을 먹고 솔밭을 산책하다 바닷가에 있는 그네에 사랑이랑 나란히 앉아 음악도 들으며 잔잔하게 happy time을 갖다. 감성에 젖어 눈물이 났다. 이번 여행을 통해서도 또 많은 추억을 쌓았다.

> ♥ 바닷가 그네에 앉아서 엄마와 대화를 나누는데 엄마가 "저 멀리 보이는 작은 섬들이 보이지?" 하시며 "하나는 시랑이 거, 다른 하나는 사랑이 거야." 라고 말씀하신다.
> 
> "에이, 그런 게 어딨어?"라고 툴툴대자, 엄마는 "꼭 소유하지 않더라도 네 눈앞에 보이는 저 섬을 네 것으로 생각하면 네 것인 거야."라고 말씀하셨다. 무소유 속에서도 항상 부자 같은 마음으로 행복해하시던 엄마가 그저 신기했다. 경포 바다에 갈 때면 그 섬이 내 섬인 양 찾아보게 되었다. 엄마가 말씀하신 대로 정말 엄마한테 선물받은 내 섬이 생긴 것 같았다.

방에서 바라본 경포 바다와 엄마가 선물해 주신 섬들

## 2018. 6. 7.~6. 9. 양양 오색 온천 여행

자주 들르는 양양 오색 온천에 가기 전에 인제의 자작나무 숲에 가다. 근데 자작나무 숲까지 접근하기에 너무 가파르고 긴 코스를 걸어야 했다. 너무 더워서 지쳐 버렸다. 나도 사랑이도 끝까지 가지 못하고 중도 포기. 오색 그린야드 호텔에 도착해서 근처 오색 식당에서 토종닭 백숙을 시켜 먹었다. 잔뜩 기대했던 것 같은 사랑이는 연신 살이 너무 질기다며 실망했다고 하네. 둘레길을 걷다가 저녁에 나만 탄산 온천을 하러 갔다. 근데 어떤 노인이 나를 유심히 쳐다보길래, 속으로

'왜?' 하고 의아했는데, "어쩜 그리 예쁘게 생겼어요?"라고 한다. 나는 너무 당황한 나머지, "네?"라고 답했는데, 이미 탕 속에 있던 모든 이의 시선은 나에게로 집중되어 있었다. 생얼에 늙은 피부일진대. 의외의 사태에 쑥스러움을 견디며 온천을 마치고 나왔다. 기분이 묘했다. 한 번도 나 스스로는 그렇게 감탄할 정도의 미모라고 생각한 적이 없기에. 다녀와서 딸내미들한테 이야기하니, 둘 다 킥킥대며 웃는다. 후훗~ 엄마는 이 나이에도 이런 칭찬받는 그런 여자야.

주전골 산책로

*2018. 6. 20.*

경복궁에서 아주 오랜만에 세 자매가 만났다. 식사 후에 사랑이가 쏘냐로 광명동굴로 모시고 갔다. 코끼리 열차를 타고 광명동굴 안으로 들어가 그 안 동굴 카페에서 커피를 마시며 그동안 자매끼리 묵혀 왔던 많은 대화를 나눴다. 이제 한 달에 한 번은 만나자며 다음 달 만날 약속하고 헤어졌다. 우리 사랑이가 센스 있게 이모들을 잘 모시고 함께 추억을 공유해 주었기에 가능했던 일이다. 이모들과도 대화가 잘 통하는 사랑이. 앞으로 자주 만나야겠지? 혈육인데. 막내는 멀리 미국에 있어 네 자매가 다 같이 만나지는 못하지만. 셋이라도 오랜만에 흐뭇한 시간을 보내니 보람 있다.

## *2018. 6. 21.*

아뜰리에로 그림 그리러 가다. 아이스라테를 시켜 마시면서 새로운 그림을 시작했다. 사랑이의 수국화도 어느덧 완성의 단계. 한결 멋져졌다. 이런 소중한 시간 주심에 새삼 감사하다. 나는 완성된 '바다가 보이는 풍경 I'을 들고 집으로. 그이가 자꾸 거실에 걸어 놓으라 해서 두었다. 그릴 때는 귀찮고 피곤한 과정이지만 결과물을 보니 흐뭇하다.

## 2018. 6. 27.

오늘은 사랑이 생일. 힘든 치료 과정을 넘기고 맞이하는 생일이라 더욱 뜻깊다. 스스로 생일 이벤트를 꾸미고. 점심으론 야채가 듬뿍 올라간 시금치 피자에, 백설기에 생화를 여기저기 꽂아서 꽃 떡케이크도 만들었다. 저녁은 커피만 마셔봤던 동굴 카페가 저녁에는 레스토랑으로 운영된다고 하여 거기로 예약을 해서 세 모녀가 생일 파티를 하기로 했다. 손님이 우리밖에 없어 조용하고 음악도 좋고 코스 요리도 맛있었다. 사실 동굴 레스토랑에 마음이 꽂힌 건 몇 년 전 사랑이가 출장으로 멕시코에 갔을 때 그곳 동굴 레스토랑에서 먹었던 이야기를 듣고 나서였다. 언니의 이야기를 들으며 상상의 나래를 펼쳤던 사랑이가 한국에도 동굴 레스토랑이 있는지 폭풍 검색을 하고선 찾아낸 장소이다. 어쨌든 사랑이 소원 풀이? 오늘도 행복한 시간 보냄에 감사하다.

## 2018. 6. 28.

'들꽃의 향연'이란 그림을 완성했다. 사랑이가 몇 달 전 들꽃 축제에 가서 찍은 사진을 건네며 "엄마, 이거 그려봐요. 엄마는 색채의 마술사니까 잘 그릴 거 같아요."라고 했다. 완성된 그림을 보며 사랑이가 너무 마음에 든다며 좋아한다. 액자에 넣어야겠다고. 그림을 그리면 아무 생각, 잡념이 없어진다. 그리는 시간이 좋다. 사랑이와 함께하니 더더욱 보람 있다. 사랑이는 과감하게 해바라기 그림을 그리고 있다. 이런 기회를 주신 하나님, 감사합니다!

> ♥ 엄마는 색감을 과감하게 사용하고 붓 터치를 잘하시는 것 같다. 엄마 바라기 아빠는 원래 엄마한테는 항상 과찬하시기는 하셨지만, 엄마의 그림을 보더니 모네가 살아 돌아온 것 같다며 폭풍 칭찬을 하셨다.

### *2018. 7. 2.*

예전 제자인 진성이와 진성이 엄마를 만나다. 초등학교 1학년 담임이었던 것이 엊그제 같은데 어느새 착실하고 성실하게 잘 자라준 제자. 뿌듯하고 앞으로도 잘 되기를 기원. 화기애애한 분위기 속에서 식사하고 뿌듯한 시간을 보냈다. 진성이에게 문화상품권을 선물했다. 진성이는 알바해서 산 거라며 화장품을 선물로 건네주었다. 훌쩍 지난 세월. 이제 그들의 세상이 활짝 피었으면.

## 2018. 7. 4.

사랑이 버킷리스트 중 하나인 청와대 방문 날. 태풍은 비껴가 하늘도 청명하고. 근데 아침 출근 시간이라 그런지 버스가 너무 막혀서 사랑이는 시간 안에 못 갈 거 같다며 몇 정거장 전에 내려서 걸어가자 한다. 그런데 올해 들어 얼굴에 땀도 나고 덥고. 사랑이는 바로 저기! 저기!라고 하는데 지척이 천리 같고 슬슬 짜증도 나고 힘들고. 어찌어찌해서 도착하고 원래 예약한 시간을 놓쳐서 다음 시간대로 구경할 번호표 타고 20여 분을 기다렸다. 관광 시작. 오늘따라 체험학습 온 학생들, 특수반 아이들까지 많다. 덥다, 더워, 슬슬 시장기가 돌더니 혈당도 떨어진다. 결국 중간에 택시 타고 밥 먹으러 가자고 졸라서 근처 프렌치 식당에 도착. 직장이 근처인 시랑이도 불러서 함께 점심을 먹었다. 코스 하나하나가 맛나다. 시랑이에게 오늘 있었던 이야기를 해주었더니, 시랑이가 엄마 고생시켰다며 사랑이 보며 핀잔을 준다. 명동에서 경복궁 버스 정류장까지 거리가 얼마나 먼데. 내 편을 들어주는 또 하나의 딸이 있다는 것이 기분 좋았다. 힘들고 짜증도 났지만 사랑이가 힘든 기색 없이 그 먼 거리를 걸어갔다는 사실에 사랑이의 건강이 점점 회복되고 있는 것 같아 다행이란 생각도 들었다. 집에 돌아와 샤워하고 시원한 방에 누우니 아, 이곳이 바로 천국이라는 생각이 든다.

## 2018. 7. 16.

 지긋지긋한 치통 때문에 작심하고 관악에 있는 S대 치과 병원으로. X레이 찍고 친절한 의사 선생님의 설명. 제3통증으로 보이니 신경과에 가란다. 2시경 Y병원 신경과에 갔다. 이런 제3통증은 흔한 증상이라고. 만약 치매 이상이 있더라면 오랫동안 온전할 리가 없다는 말씀에 안심. 일단 약물요법으로 치료하잔다. 더운데 병원에 다녀와서 피곤했지만, 쓸데없는 걱정을 해소해서 좋았다. 잘 치료되었으면 좋겠다. 근데 신경과에서 지어준 약이 정말 독하기는 하다. 해롱해롱. 나는 정말 약발이 약한 거 같다.

> ♥ 엄마는 깊이 박힌 사랑니가 신경을 건드려서 치통 때문에 고통스러워하셨던 적이 많았다. 신경 마비가 올 수 있어 수술이 까다로워 고심하다가 결국 발치 수술을 받으셨다. 하지만 수술 감행이 무색하게도 다른 곳에서도 원인이 있었던지 엄마의 치통은 끝내 사라지지 않았다. 찌릿찌릿! 예고도 없이 시시때때로 찾아오는 치통으로 밤잠을 설치신 적도 많았다. 나중에 우연히 TV 광고에서 보았는데, 심한 치통은 췌장 쪽 질병과도 관련이 있을 수 있단다. 잠이 보약이라는데, 엄마는 치통으로 인해 양질의 수면을 취하지 못하셨겠구나.

## 2018. 7. 31.

올해 여름은 폭염이 기승이다. 내 방에 가만히 누워 있으면 자연 바람이 솔솔~ 산 가까이에 살아서 얻는 자연의 혜택이다. 이 세계 기후 대책 위원들이 딸내미들… 더위가 기승임에도 끝까지 에어컨은 반대하는. 홈쇼핑에서 광고하는 냉풍기를 구매했는데, 훈풍은 안 불지만, 광고에서처럼 시원할 정도의 냉풍 효과는 없는 거 같다. 앞으로도 폭염이 계속된다는데 걱정이다.

## 2018. 8. 4.

힘든 시간을 견뎌온 사랑이와 나의 낙이라고 한다면 잡념을 없애주는 그림그리기와 '슈퍼맨이 돌아왔다'에 나오는 아가 벤틀리를 보는 일이다. 우연히도 사랑이가 수술받던 그 시점에 벤틀리가 탄생했다. 너무 사랑스럽고 귀여운 아가의 성장을 보는 것 자체가 힐링이다. 일면식도 없는 아가지만 왠지 정이 가고 언젠가 한 번은 꼭 만나고 싶단 생각이 든다. 이렇게 마음을 빼앗겨 본 적이 없었다. 어떻게 만날 수 있는지 알 수는 없지만, 주소라도 알면 선물을 잔뜩 보내주고 싶다. 힘든 시간을 견딜 수 있도록 행복 바이러스를 전해 준 벤틀리에게도 축복을.

♥ 항암 치료로 기력이 쇠했을 땐, 거의 누워 있거나, 소파에 기대어 TV 시청을 하며 시간을 보냈다. 벤틀리는 그즈음 태어났다. 벤틀리가 아가였을 때, 어릴 때 프랑스 인형이라고 불렸던 시랑이 언니와 너무 똑 닮아서 더 정이 갔다. 윌리엄과 벤틀리의 사랑스러운 성장 과정은 내 마음의 치유를 얻는 데 큰 역할을 해주었다. 감사한 존재!

### *2018. 8. 15.*

사랑이가 가끔 불안감이 엄습하나 보다. 당연하겠지. 누구에게나 알지 못할 불안감이 드는데. 본인은 오죽할까? 함께 공감하고 위로해 줄 수밖에. 일병장수라는 말처럼 전화위복의 기회가 되기를 기도해 본다.

### *2018. 8. 26.*

태풍이 지나가서인지 하늘은 맑고 유쾌, 상쾌한 날씨라 힐링 코스 행! 습도도 없고 바람도 상큼하고. 쟈니한테 인사하고 사랑이랑 묵주기도를 하고 내려왔다. 점심엔 사랑이표 가지 오믈렛, 새우 강정. 뭐든 뚝딱뚝딱 잘 만들고 그릇도 예쁘게 완벽히 세팅. 세트녀 우리 공주님!

### 2018. 8. 30.

혈관 주사를 맞으러 간 사랑이는 혈관 때문에 고생했단다. 그러고 보니 사랑이가 치료를 시작한 지 어언 1년이란 세월이 흘렀구나. 그동안 잘 견뎌준 사랑이, 사랑이의 혈관에 감사한다. 때론 두려움이 엄습해 오겠지. 그것은 인간의 숙명. 스스로 떨쳐버리고 내 마음의 진정한 주인이 되어주기만을 바란다. 풀벌레 소리가 감성을 자극하는 고즈넉한 여름 저녁 시간. 서울에 살면서 이런 분위기를 갖게 되다니, 이 또한 감사!

### 2018. 9. 9.

시진이와 통화. 건강한 음성을 들으면 마음이 놓이고. 이렇게 떨어져 사는 것도 운명이겠지만. 잘해 나가고 있으니 감사! 오늘은 사랑이가 삼단 트레이를 세팅해서 테라스에 멋진 브런치를 차렸다. 맨 아래에는 샌드위치, 가운데는 유자를 넣은 마들렌, 맨 윗칸에는 과일. 어느 멋진 카페보다도 멋지고 맛있다. 나름 고퀄리티의 삶을 살고 있는 듯하다. 자고로 요리와 그릇은 잘 어울려야 한다는 사랑이의 철학.

## 2018. 9. 12.

큰언니를 모시고 사랑이가 검색해서 찾은 여의도 선착장에 있는 서울 마리나 요트클럽에 점심 먹으러 갔다. 꼭 뉴질랜드의 오클랜드에 온 기분. 가는 날이 장날이라고 레스토랑에서 드라마 촬영을 하느라 분주하다. 그것 때문에 시킨 음식이 늦게 나와서 좀 불만이었는데, 미안하다면서 라테를 무료로 제공해 주었다. 주문한 스파게티도 너무 맛있어서 어느새 불만이던 마음이 사르르 녹았다. 큰언니도 모처럼 즐거우신 듯. 잘 견뎌온 사랑이 축하 기념으로 세 모녀 여행 다녀오라고 통 크게 100만 원을 쾌척해 주셨다. 감사합니다!


## 2018. 9. 15.

오늘은 사랑이와 연극, 〈조씨 고아, 복수의 씨앗〉을 보러 명동에 갔다. 인생에 처음으로 접하는 연극. 근처 식당에서 곱창전골을 먹고 라테 마시고, 명동성당에서 묵주 팔찌, 반지 사고 명동 예술극장에 갔다. 스토리는 간단한 것 같은데 어느새 울컥 눈물이 나고 사랑이도 눈물! 큰딸 사랑이는 겉모습은 차도녀 스타일로 냉철할 것만 같지만, 이럴 때 보면 의외로 감성이 풍부한 편이다. 대사 중에서 "어느새 한바탕 놀다 보니 세월만 먹고 늙었네. 예나 지금이나 모함하고 저주하고,

복수심을 키우고."라는 말이 와닿았다. 적어도 남의 가슴을 멍들게 하고 남들이 나한테 앙심 품게 하지는 말아야겠지.

### 2018. 9. 24.

추석. 단출한 식구. 딸내미들이 좋아하는 갈비찜 만들고, 토란국 끓이고, 굴비 굽고. 미국에 있는 시진이는 송편이라도 먹는지. 그곳 생활을 시진이 스스로 선택한 거지만, 때론 짠한 마음이 든다. 파이팅! 항상 감사하며 살자!!!

♥ 추석, 설날이면 엄마가 만들어 주시던 갈비찜이 너무도 그리워진다. 어깨너머로 배운 엄마의 레시피를 떠올리며 엄마표 갈비찜을 만들려고 하는데 처음 몇 번은 엄마표 갈비찜을 재현해 내는 것이 쉽지 않았다. 몇 번의 시행착오를 겪고 나서 만든 갈비찜을 맛본 언니가 이젠 제법 엄마표 갈비찜 맛이 난다고 해서 기분이 좋았다. 이것도 엄마가 물려주신 유산 중의 하나겠지? 잊어버리지 않도록 해야겠다.

## 2018. 9. 27.

또다시 돌아온 자매의 날. 매달 만나다 보니 어린 시절 추억도 곰씹고 좋다. 왜 진작 이렇게 만나지 못했나? 큰언니는 형부랑 시동생네랑 함께 캐나다 단풍 기차 여행을 내일 떠나신다. 그리고 말씀하시길, 형부를 조르고 있는데 잘하면 세 자매 일본 여행을 갈 수 있다고 한다. 형부 덕분에 공짜로 자매 여행이라니 설렌다. 사랑이한테 자매 여행에 대해서 말하니, 자기도 복직하면 19년도 여름 방학 때 미국이나 하와이 크루즈 가자고 한다. 때를 놓치면 힘드니까. 갈 수 있을 때 함께 해야지. 자매 여행보다 모녀 여행이 더욱더 설레네. 암튼 큰언니 캐나다 여행 안전하고 행복하게 다녀오시길.

## 2018. 10. 4. - 10. 5.

큰언니가 준 100만 원으로 어디를 갈지 고민하다가 사랑이가 여행 잡지에서 발견한 울진에 풀빌라 숙소에 가고프다 해서 포항-영덕-울진 여행을 가기로 결정했다. 근데 그 지역에 태풍경보 뉴스가 떠서 여행을 포기해야 말아야 하나를 가지고 딸들과 언쟁이 있었다. 그래도 강행하고 싶다는 딸들의 의견에 밀려 갈등 속에 마음을 다잡고 출발. 대게 철이라 해서 강주 역에서 내려서 바닷가 근처 식당에 가서 게찜, 라면, 볶음밥을 맛있게 먹었다. 택시로 H 숙소에 도착. 아담하고 이집트 풍의 인테리어가 멋진 곳이다. 실내에 히노키탕이 구비되어 있어서 우리끼리 온천을 즐길 수 있어 너무 마음에 들었다. 저녁이 되니 예보대로 강한 바람이 불기 시작했다. 바다 바로 앞에 위치한 숙소라 통유리로 파도가 더욱 거세게 보여서 두려움이 엄습해 왔다. 의연한 척 기도하며 마음을 달랬다. 나중에 알았는데 점심에 갔었던 강구역 어시장이 태풍으로 인해 쑥대밭이 되었다고 한다. 다행히 태풍이 예상보다 빨리 지나가는 바람에 새벽부터 바람이 잦아들기 시작해 아침이 되니 어제 태풍이 왔다고는 믿기 힘들 만큼 진짜 화창한 날씨. 이번 여행은 정말 하느님의 은혜를 느낄 수 있는 시간이었다. 고통받는 상인들을 위해 빨리 복구되고 정상적으로 영업을 재개할 수 있도록 기도했다.

H 리조트

일출

히노끼탕

### 2018. 10. 20.

초등학교 때 가르쳤던 제자 범수에게서 연락이 왔다. 어떻게 연락처를 알게 되었는지. 생각해 보니 범수가 갑자기 미국에 이민 가게 되었다고 해서 내가 지갑을 뒤져서 2만 원인가를 꺼내서 여행 중에 간식 사 먹으라고 했던 에피소드가 소환되었다. 범수는 아직도 그 사실을 기억하고, 감사해하고 있단다. 어린 시절 미국으로 이민한 후, 한국에 대한 추억을 되새길 때마다 나와의 추억이 항상 떠올랐단다. 카카오스토리를 통해서 검색 끝에 나에게 연락하게 되었다고 한다. 다음 주 금요일에 한국에 오는데 꼭 찾아 뵙고 싶단다. 기특하다. 감동이다.

### 2018. 10. 23.

자매의 날. 둘째 언니가 예전에 엄마 환갑 때 돈 모아 사드렸던 밍크코트를 자기는 안 맞는다며 챙겨 왔다. 리폼해서 입으라며. 내가 식사 대접하는 걸로. 드뎌 11월 26일에 세 자매 일본 여행 날짜가 잡혔다. 형부께 감사하네. 일본 여행에 관해 얘기 나누는데 둘째 언니가 특히나 너무 신나 한다. 이렇게 다시 만나다 보니 옛이야기도 많이 나누고. 내가 백일 지나고 찍은 귀한 옛 사진을 둘째 언니가 챙겨와 보여주었다. 나도 아가 시절이 있었다니 새삼 신기하다. 사진 속 엄마도 참 젊고 고우셨네. 아! 지난 세월은 왜 찰나처럼 느껴질까? 사랑이가 잘 복원해서 액자에 껴서 드린다고 하네. 집에 돌아와 내친김에 앨범 정리를 시작했다. 오랜만에 가족사진을 보니 옛일들이 주마등처럼 스쳐 지나간다. 이것도 일이라고 노곤하네. 퇴근한 시랑이에게 외할머니 밍크코트를 보여줬더니 브라운 컬러가 마음에 든다고 한다. 밍크코트 리폼 가격을 검색해 보니 40~50만 원 선이란다. 시랑이가 색상, 질감이 마음에 든다며 과감하게 리폼을 맡겨 보겠다고 한다. 하기야 버버리 트렌치코트도 30만 원씩 주고 수선해서 입었으니 남는 장사겠지. 수선비 좀 도와줄까? 잠시 생각도.

### 2018. 10. 29.

제법 쌀쌀해진 날씨. 그러나 상쾌. 게으름 피우다 사랑이와 힐링 코스행! 와, 아름다운 자연의 색의 조화란. 단풍의 아름다움에 젖어 들다. 사랑이는 요즘 그림그리기와 함께 티셔츠에 수놓는 새로운 취미가 생겼다. 예쁘고 사랑스럽게 자신을 달래며 치유하는 마음이 예쁜 사랑이, 참 대견하다. 미국에 있는 제자가 귀국했다고 연락해 왔다. 수요일에 만나기로 했는데 범수는 어떻게 변했을까?

### 2018. 10. 31.

　범수랑 만나기로 약속한 날. 한정식집에서 기다리는데 친척 집에 인사 갔다가 대전에서 서울로 올라오는 기차 시간을 놓쳐서 늦는다고 연락이 왔다. 시차 적응이 안 되어 그러려니 이해하기로. 늦게 도착한 범수는 미안해서 어쩔 줄 몰라 하고. 범수의 변명에서 진심이 느껴진다. 먼 외국에서 모처럼 한국에 와서 혼동되었겠지? 세월이 흘러 얼굴은 변했지만, 순수한 마음은 그대로인 듯. 착하게 잘 자랐네. 은행에 근무도 하고. 집도 사서 부모님을 모시고 산다고 한다. 나중에 미국 자기 집으로 모시겠다고 기약하며 헤어졌다. 잊지 않고 연락해 준 제자의 마음이 참 기특하지.

### 2018. 11. 1.

　오늘 아뜰리에에서 〈꿈꾸는 라벤더〉 그림을 완성했다. 그림 쌤이 명암을 좀 정리해 주고. 시작할 땐 생각처럼 표현되지 않아 암담하기만 했는데, 그리다 보니 어느새 또 하나의 작품이 탄생했다. 바이올렛 컬러가 환상적이라는 사랑이의 칭찬 세례. 동창 카톡방에 그림을 찍어서 올렸다. 〈SMH 개인전〉 장소는 카톡방, 관람객은 우리 친구들 외. 호호호.

꿈꾸는 라벤더

### 2018. 11. 7.

제3통증이라는 S대 치과에서의 처방전을 들고 약국에 들렀다. 나이 지긋한 여 약사는 근본 영양 상태가 부족하여 노화에 대한 몸의 반응 중의 하나라고 설명한다. 철분제, 간 영양제 등 구입했다. 이제 영양제도 듬뿍 먹어야 할 나이지. 이렇게 잇몸이 욱신거려 온몸의 신경이 쓰여 나른하고 기가 빠지는데 큰 병을 앓고 있는 분들의 고통은 오죽할까? 그러고 보면 몸은 좀 불편하나 잠도 잘 자고 식사도 맛있게 잘하는 게 천만다행이다.

범수한테 미국에 잘 도착했다는 연락이 왔다. 다정다감하고 성실한 제자. 그리기도 쉽지 않은데 무려 30여 년 가까이 먼 옛날의 인연이 이렇게 이어지다니. 외로운 시진이와 미국에서 좋은 벗으로, 형동생으로 지냈으면 좋겠다. 서로 성격이 통할 것도 같아 잘 지내기를 내심 바라본다. 옆에서 사랑이 티셔츠에 수를 놓는 자수 활동에 몰두 중이다. 예술 창작에 소질이 다분해 보인다. 그래, 행복한 시간 보내렴.

*2018. 11. 11.*

벤틀리의 먹방을 보고 따라서 애플망고를 사다가 달콤한 디저트 타임! 범수와 카톡 통화를 했는데 시진이의 한의원이 제법 소문이 났다는 얘기에 너무 흐뭇했다. 이역만리에서 서로 진솔하게 지내기를 바라는 마음. 빈말 안 하는 범수가 기특. 그러니 한국에 와서도 날 만나려 했겠지?

### 2018. 11. 12.

잇몸 통증! 잠을 설치니 문제. 자칫 마음이 가라앉고 입맛도 떨어지니 기력도 떨어지고. 더한 경우를 생각하며 감사한 마음으로 잘 견뎌야겠다. 사랑이의 투병. 얼마나 힘들었을까? 그리고 앞으로도 긍정의 마음을 가지고 몸 관리를 해야 한다. 그런 의미로 동네 병원에 가서 영양 주사를 맞았다.

### 2018. 11. 16.

사랑이가 모처럼 연가를 내어 1박으로 오색 온천으로 가기로. 가평 휴게소에 들러 명물인 호두과자랑 커피로 간식을 먹고 인제의 자작나무 숲으로. 저번 여름에 너무 덥고 힘들어서 포기했던 바로 그곳. 나는 저번 경험의 트라우마로 그냥 좀 걷다가 중간에 하차하여 차로 돌아오기로 하고 두 딸내미는 끝까지 도전해 보겠다고 했다. 돌아온 사랑이는 연신 자작나무 숲은 환상 그 자체라며. 새로운 그림에 대한 영감을 잔뜩 받았다나? 행복한 기분을 갖고 연례 행사와 같은 킹크랩을 먹으러 동명항으로 갔다.

## 2018. 11. 20.

나도 가래에 몸살 기운으로 며칠 고생했는데 사랑이도 감기에 걸려 버렸다. 내가 겨우 기운을 차릴 것 같으니 이제 사랑이의 차례인가 보다. 눈곱이 잔뜩 껴서 눈을 뜨지 못했는데, 세수하고 보니 사랑이 눈에 실핏줄이 잔뜩 터져 있고, 목소리도 잘 내지 못하는 상태다. 큰 병을 앓았었고 미열도 있어 걱정이 되어 담당 선생님한테 연락하여 내원했다. 다행히 목이 부어서 발열이 난 거란다. 2층에 이비인후과에 가서 진료를 받는데, 목이 엄청 부었다고 한다. '아데노 바이러스'라고 원래 어린 아가들이 주로 걸리는 병이라 성인이 걸리는 가능성은 희박하다며 신기하다고 말씀하셨다. 아무래도 사랑이의 면역력이 약해서 그런 거겠지? 고열 때문에 음식도 거부. 열도 내리고 부기도 가라앉아야 하는데. 사랑이는 절대 무리는 금물! 잘 회복되기를.

## 2018. 11. 24.

첫눈! 제법 펑펑 내리네. 세 자매 일본 여행 전에 컨디션 회복 겸 심기일전하려고 병원에 가서 영양 주사를 맞았다. 형부께 여행 경비 대주셔서 감사하다는 전화를 드렸다. 감사하게 모두 즐겁고 건강한 여행이 되기를 기원합니다. 그나저나 사랑이는 고비를 넘긴 듯 하나 하필 여행 가는데 이렇게 아프니 마음 한편이 걱정되고 불편하다. 지켜주세요! 주님!

## 2018. 11. 26.

오늘은 세 자매의 일본 여행 날. 정말 어렵게 만든 자리고 소중한 자리. 다만 나의 예민한 성격과 감기 후유증, 사랑이의 감기 증상(눈까지 빨갛고)에 마음을 다잡기가 힘들다. 마음 한구석은 걱정 한바가지인데 모처럼 여행에 들뜬 두 언니가 눈치채지 않도록 즐겁고 건강한 여행, 소중한 여행을 보낼 수 있도록 노력해 본다. 무사히 일본에 도착했다. 암튼 일정을 무사히 끝내고 추억 많이 쌓기를 기도한다.

## 2018. 11. 30.

　일본 여행하는 동안 나의 예민함으로 내내 잠을 설치고, 아픈 사랑이도 걱정되고, 아무리 눈앞에 진수성찬이 있어도 식욕은 없고. 이런 내 모습을 들켜 결국 큰언니한테 지적받았다. 피곤한 상태로 간단히 문자로 언니한테 집에 돌아왔다고 보냈는데. 참, 그렇다. 예기치 못한 반응. 나의 그 문자로 인해 내가 완전한 왕싸가지가 되어버렸다. 몰랐다. 아차! 그래도 언니가 이유를 물었더라면 하는 아쉬움. 고마움을 모르는 싸가지가 되어 버렸다. 왜 이리 눈물이 날까? 제 설움이겠지? 내 마음은 내 마음일 뿐. 대수롭지 않게 생각했던 일이 이리도 언니를 섭섭, 분노하게 만들었을까? 사랑이와 이런저런 얘기 나누며 다시 한번 느껴본다. 나는 나, 나처럼 상대방을 생각하면 안 되는 것을. 벼락 맞은 느낌. 서로 기대가 큰 만큼 섭섭함도 큰가 보다. 그리고 공짜는 없다는 진리도. 또 이렇게 사건에 부딪히면서 깨닫는다. 내 마음을 상대방이 그대로 알아줄 거라는 기대는 금물. 그리고 언행에 더욱 조심해야 한다는. 불같이 화내는 언니를 이해하면서도 참 서럽다. 실컷 울었다. 그냥 내 설움이겠지만. 그래도 얘기 통하는 사랑이가 옆에 있으니, 마음이 한결 가라앉는구나. 살면서 적어도 남을 아프게 하지는 않아야겠는데.

## 2018. 12. 1.

어제의 일이 꿈만 같고, 되돌리기 싫다. 언니의 답장. 그래, 앞으로 매사에 신중하게 행동해야지. 그런데 감정은 참 미묘, 복잡, 울컥, 울컥. 언니의 분노가 여전히 섭섭하게 느껴진다. 그렇게 내가 잘못한 일일까? 시진이와 통화하면서 다시금 마음을 다독인다. 언니도 이번 자매 여행으로 실망했던 터라 다시는 그럴 일 없을 듯하다. 예민한 나를 고칠 수 없고 시진이 말대로 이제 그걸 억지로 참아야 하는 나이도 건강도 아니니. 언니한테 연락이 와서 만나러 나갔다. 그런데 언니가 아파트가 팔렸다며 용돈으로 300만 원을 주셨다. 좀전의 서럽고 울컥했던 감정은 사라지고 기쁘고 죄송하고 이렇게 받기만 하니. 언니의 모든 일이 잘되고 하니 나 또한 기쁘다. 받은 용돈 중의 30만 원을 사랑이에게 용돈으로 쾌척. 이번 일을 통해서 서로의 다름을 인정하고 이해한다는 것은 쉽고도 어려운 일이란 걸 다시금 알게 되었다. 배려심, 그 자체가 사랑 아닐까? 실천하며 살아야겠다고 느낀 것만으로 다행이다.

## 2018. 12. 5.

시진이는 요즘 자신의 진료실을 사부작사부작 꾸미며 정성을 쏟고 있다고. 전화 너머로 들리는 목소리가 밝고 좋다. 성실하게 노력하다 보면 때가 오리니. 난 요즘 내가 좋아하는 마거릿 꽃 그림을 그리고 있는데 남편이 다가오더니 쓱 쪽지를 건네준다. 미국의 한 여성(72세)이 홀로 노년에 그림을 그리기 시작하여 1,000점 넘게 작품을 남겼다며 그림을 그리기 시작한 나에 대한 칭송과 격려를 퍼부어 주었다. 남편 칭찬 덕분인지 마거릿 그림이 예상보다 잘 표현되는 듯하여 기분이 업! 사랑이의 극성 덕분이긴 해도 뒤늦게 나의 소질을 찾고 개발할 수 있음에 감사하며 기도해 본다. 주어진 기회이니 꾸준히 하다 보면? 나도? 사랑이 말대로 목소리가 가기 전에 노래 CD 제작도 해야 하고, 개인전(아니 모녀 전시회)도 해야 하고. 상상으로도 기쁜 설렘?

♥ 아빠가 말씀하셨던 그 화가를 검색해 보니 미국의 할머니 화가: 모지스(Anna Mary Robertson, Moses)였다. 그녀는 무려 75세에 그림을 그리기 시작해, 세상을 떠나는 101세까지 활동했다고 한다. 75세에 그림을 시작하기 전까지는 전문적인 그림을 그린 적도, 배운 적도 없는 농부의 아내이자 다섯 아이의 엄마였다고 한다. 모지스 할머니는 늦은 나이에 화가가 되었지만, 타임지 표지에 실릴 정도로 미국의 유명 화가로 많은 사랑을 받았다고 한다.

〈마거릿 꽃밭에서〉

**2018. 12. 15.**

오늘은 큰딸 시랑이 탄신일. 동생 사랑이가 맛집 레서피를 검색한 끝에 정성 들여 만든 생일상. 사랑스러운 동생! 떡갈비, 시랑이가 애정하는 가지 샐러드, 김치 볶음을 넣은 쌈밥, 수제 딸기 초코케이크,

〈사랑이가 손수 차린 시랑이 생일상〉

부라타 치즈 토마토 샐러드까지. 이제 복직하면 이런 일 흔치 않을 거라며. 황금빛으로 테이블보를 깔고 블랙 컬러의 그릇으로 세팅하여 골드 & 블랙의 화려한 생일상을 차렸다. 시진이는 누나 생일 선물로 정성스레 만든 공진단을 40알 보냈다고. 이런 게 행복이지? 감사하다.

## 2018. 12. 25.

사랑이가 차린 크리스마스 파티 상차림

올해 크리스마스는 사랑이도 집에서 함께했다. 작년 크리스마스 때에는 고열로 응급실에 실려 간 바람에 사랑이 혼자서 격리된 채 성탄절을 보냈다. 사랑이는 언니한테 조그만 케이크를 사다 달라고 부탁해서 병실에서 세 모녀가 초를 켜고 크리스마스이브 날을 축하해 줬던 추억이 떠올랐다. 엄마랑 언니가 떠난 뒤 사랑이는 쓸쓸히 혼자 남은 병실에서 어떤 생각을 하고 있었을까? 불과 일 년 전의 일이네. 비록 시진이는 함께하지 못하지만, 이렇게 모일 수 있는 네 식구가 있다는 사실에 감사하다.

### 2018. 12. 31.

벽난로

사랑이와 작당하여 벽 한쪽에 벽돌 시트지를 붙여 꾸미기로. 마트에 가서 쇼핑 후 둘이 힘들 합쳐서 벽돌 시트지를 붙였다. 원래 두었던 사랑이의 전자 피아노와는 작별하기로. 사랑이는 더 이상 피아노를 치지 않기에 피아노를 필요로 하는 직장 내 젊은 부부의 딸내미에게 기부하기로 했단다. 나름 정들었던 물건이기에 이별한다니 시원섭섭? 이제 여기에 벽난로 장을 주문하여 사랑이가 오매불망 로망으로 삼던 미국식 인테리어 스타일로 완성하기로. 크리스마스 때는 여기에 양말도 달고 그런다나? 벽난로 안에 넣을 자작나무 조각도 주문하고. 사랑이는 또 사부작사부작 둘레길에 떨어져 있던 잣 방울, 솔방울을 몇 개 주워다가 금색과 은색으로 물감칠한다. 모든 장식이 끝나면 더욱 멋져지겠지? 소.확.행. 사랑이의 극성 덕분에.

2019년

## 2019. 1. 1.

　새해가 밝았다. 다사다난했던 지난해. 그래도 일 년 동안 사랑이가 마무리 치료 잘 받으며 견디고. 하느님의 보살핌으로 무사히 넘겼다. 사랑이는 올해 직장 복귀를 앞두고 있다. 이제 제법 머리도 자라서 쇼트커트 수준의 길이가 되었다. 이 모든 과정을 무사히 지나옴에 감사, 범사에 감사하며 살아야겠다고 다짐한다. 매일 새롭게 마음을 다잡으며 살아야겠다. 그이는 꼬박 모은 용돈으로 사랑이에게 50만 원, 시랑이에게 20만 원 용돈을 줬다. 참, 자기 쓰기도 모자랐을 텐데. 돈 안 쓰는 자린고비 대회에 나가면 1등 하려나? 암튼 그이는 딸들을 위해 용돈을 주고 무척 행복해한다.


## 2019. 1. 8.

　새해도 밝고 새로운 부서로 이직한 시랑이, 복직을 앞두고 싱숭생숭한 사랑이를 데리고 새해맞이 토정비결도 볼 겸, 잠실 아줌마를 만나러 갔다. 대화를 나누면 마음의 안정도 찾고 많은 도움을 받는다. 몇십 년 동안 상담사처럼 편하고 힘들 때 격려가 되고. 먼 나라 미국에 사는 시진이가 좋은 짝을 만나 안정되었으면. 살다 보면 우연은 필연이고 공짜는 없고, 모래알 하나하나가 의미가 있듯이 모든 일어나는 일에 다 이

유가 있고 의미 있고, 얻는 게 있으면 잃는 것도. 마음의 건강, 몸의 건강은 뒷받침되어야. 다시금 감사의 하루를 생각한다. 초심을 잃지 않고. 시랑이도 사랑이도 변화된 환경에 잘 적응하길 바라본다.

### 2019. 1. 11.

긴 시간이 흘렀다. 어쩌면 지난 시간은 순간처럼 느껴지는지. 사랑이가 마지막으로 표적 주사 맞는 날. 사랑이 병원에 데려다주고 집에서 대기. 몇 시간 지나 병원에 들러 주치의 선생님께 감사 인사드리고 사랑이랑 귀가. 사랑이의 자축파티를 위한 소품들이 배달되었다. 헬륨가스를 넣은 보라, 실버색의 풍선들도 오고. 사랑이가 앞으로 맞이할 치유의 시간도 잘 지켜 주고, 용기, 인내, 긍정, 감사의 마음을 잃지 않기를!!!

### 2019. 2. 15.

시동생네 방문. 마침 연수네도 유나랑 함께 와서 시동생이 근처 일식 맛집에서 김초밥이랑 복지리랑 잔뜩 포장해 오셔서 맛있게 식사했다. 그동안 유나가 낯가림 증상이 많이 없어져서 오늘은 방긋방긋 순한 양이다. 이천에 시댁이 있는 연수 덕분에 김치랑 이것저것 밑반찬을 잔뜩 얻어왔다. 시골 인심이다. 꼭 친정에서 음식 얻어다 먹는 기분이랄까? 오후에는 사랑이가 좋아하는 그림 그리는 시간. 저번 인제 자작나무 숲에서 얻은 영감?으로 자작나무 숲을 뚝딱 그려낸다. 나도 나름 자작나무 숲을 그려보았는데 색감이 좋다며 그림쌤한테 칭찬을 많이 받았다. 옆에 있던 사랑이가 은근 시샘을 부린다. 그림그리기를 열망하는 것은 자신인데, 왜 항상 하기 싫은데 마지못해 그리는 엄마가 칭찬받냐며. 만약 친구였으면 절교 각이라나?

### *2019. 1. 19.*

막내 시누이가 놀러 온다고 해서 사랑이가 새우 파스타, 과카몰, 오리 훈제 샐러드, 만두와 김치전 등 음식 준비에 바쁘다. 시누이 중에서도 인정이 제일 많은 시누이다. 그이한테도 잘하고 (매주 그이 방에서 둘이 속닥거리는데, 알고 보니 그이가 부탁한 로또를 몰래 전달하는 듯). 막내 시누이는 예전에 사랑이가 임용고시를 준비하던 백수 시절에도 가끔 용돈도 주고 사랑이가 좋아하는 소고기김밥도 싸다 주었다고. 공짜는 없다고. 사랑이에게 베풀어 주었던 만큼 유일하게 사랑이가 좋아하고 따르는 고모인 듯.

## 2019. 2. 26.

드디어 울 집에도 에어컨을? 작년 여름의 폭염의 악몽 같던 시간을 겪고 나서 이제 생존?을 위해서라도 만일의 사태에 대비해 에어컨이 있어야겠다고 환경지킴이 시랑이에게 동의를 구하고 에어컨을 사러 전자제품 판매장에 갔다. 기나긴 설명을 듣고 나서 우리집 사이즈에 맞는 사양으로 골라서 시랑이의 돈으로 구매했다. 사랑이 말대로 언니는 우리 집 기둥 같은 딸. 어쩔? 능력이 제일 많으니…. 에어컨을 샀더니 보너스가 제공되어서 덕분에 내 핸드폰도 신제품으로 갱신받았다. 예전에 여주인공이 검사로 나왔던 〈아현동 마님〉이란 드라마가 있었다. 검사 딸에게 모두 의지했던 가족들이 여주인공이 결혼하겠다고 하니, 자신들은 어찌 사냐며 결혼을 반대했던 스토리가 생각났다. 그 장면을 보면서 사랑이는 연신 우리 같잖아? 하며 시랑이를 '아현동 마님~'이라고 장난스레 불렀었다. 에이, 우린 그 정도는 아니지? 집에 돌아와 그이한테 작은 에어컨은 그이 방 벽에 설치한다고 한참을 설명해 주었다. 처음에 그냥 거절부터 하더니 폭염에 노인들이 제일 위험하다는 말끝에 수긍했다. 자기 방 말고 아빠 방에 에어컨 달아드린다는 우리 딸들! 엄마인 내 눈에만 예뻐 보이는 도치, 도치, 고슴도치가 아니라 마음씨도 곱고 자연 보호에 앞장서는 환경 보호 일등 국민! 이런 보석들을 아직 발견 못 하는 남자분들, 참으로 안타깝도다!

♥ 나의 투병기, 시진이의 미국에서 홀로서기까지의 과정… 나와 시진이는 본의 아니게 엄마에게 많은 걱정을 끼쳤다. 아빠 대신 시랑이 언니는 엄마가 의지할 수 있는 그런 든든한 존재였다.

죄송한 마음에 한번은 엄마한테 "엄마, 미안해."하고 말했던 적이 있었는데, 그때 엄마는, "시랑이 언니는 어렸을 때, 엄마를 깜짝 놀라게 한 큰 사건을 일으켰었지. 한번은 니 목욕물을 받으려는데, 지 목욕하라는 줄 알고 들어가려고 했다가 크게 데였어. 천운으로 어떻게 기술적으로 들어갔던 건지 인형 같던 얼굴은 무사했고 허벅지랑 배 부위를 데여서 지금은 상처가 거의 티가 안 나서 다행이야. 그때 병원에서 얼마나 울었던지… 돈은 얼마 들어도 상관없으니 우리 시랑이 상처 안 남게 해달라고 의사 선생님한테 애원했어. 말도 못하던 어린 시랑이도 얼마나 아팠을지… 또 한번은 막내고모였던가? 외출한다고 나가면서 대문을 제대로 닫지 않아서, 어느 틈엔가 시랑이가 그 대문 사이로 나가버린 거야. 시랑이가 사라진 걸 알고 하늘이 노래졌지. 온 가족이 출동해서 시랑이를 찾는데, 엄마의 촉이라고 며칠 전 시랑이 데리고 볼일 보러 갔던 동사무소 생각이 나는 거야. 그쪽으로 미친 듯이 달려가서 골목에 있던 한 아이한테 사과 머리한 여자아이 못 봤냐고 하니까, 저쪽으로 갔다고 하는데 그게 바로 동사무소 가는 길인 거야. 동사무소가 지하에 있었는데, 계단 아래쪽에 사과머리가 움직이는 게 보이더라고. 아직 어린아이라서 계단 내려가는 게 무서운지 뒤돌아서 한 발 내디디려고 주저하고 있는걸 잡아 왔지. 엄마를 본 시랑이 얼굴이 어찌나 해맑던지… 아무것도 모르는 시랑이를 안고 한참을 울었어. 두 사건 모두 어른들 잘못이지 뭐. 누군가 돌보겠지 하고 서로 미룬 거야. 암튼 시랑이는 어릴 때 그 두 사건으로 모든 불효? 말썽의 총 질량은 채운 거야. 너나 시진이는 어릴 때 순둥순둥 착했으니, 지금 와서 힘든 시간을 보내는 걸 수도 있어." 라고 말씀해 주셨다.

### 2019. 2. 28.

세 자매 모임은 둘째 언니 때문에 또 캔슬. 어떻게 다시 시작된 자매 모임인데. 아쉽고도 안타깝다. 이제 우리 나이가 있으니, 시간이 되고 기회가 될 때 많이 봐둬야 할 텐데. 각자 자기의 인생이 있는 법이겠지만 둘째 언니한테 우리의 모임이 우선순위가 아니라는 생각에 조금 섭섭한 마음이 든다.

### 2019. 2. 5.

작은아빠네랑 아침에 간단한 명절 음식을 차려 식사를 마치고. 이번 떡국 국물이 특히나 시원하고 갈비찜도 야들야들 맛있다고 칭찬 일색. 준비할 땐 좀 귀찮고 피곤하기도 했지만 (그나마 두 공주가 옆에서 거들어 줘서 힘이 됨) 이런 칭찬을 들으니 이내 함께 식사하길 잘했다는 생각이 든다. 점심 식사 후 사랑이 친구 쟈니에게 새해 인사도 할 겸 힐링 코스행. 날씨가 따뜻한 편. 사랑이는 산 위에 올라 긴 터널을 한참 바라본다. 실제 자신도 긴 터널을 건너온 기분이 든다고 한다. 시진이와 통화했다. 의연하게 잘 지내는 아들이 대견하다. 그의 성실성과 능력을 인정받는 한 해가 되기를 바란다. 이번 해는 참으로 뜻깊을 듯하다. 사랑이도 힘든 과정을 넘겨 이제 본인의 길로 돌아가야 하는 해. 초심을 잃지 않고 항상 감사함을 잊지 말고! 엄마가 항상 기도하고 응원할게.

### *2019. 2. 16.*

어제는 초저녁부터 치통 때문에 약 먹고 일찍 자리에 누웠다. 모자란 수면을 보충하려는 데 다음 날 7시 반쯤 사랑이가 불러 잠에서 깼다. 물론 중간에 화장실을 다녀오긴 했지만. 딸들도 아프면 약을 계속 먹으라고 한다. 통증이 온몸에 퍼지면서 기를 뺏어 가는 느낌. 세상의 모든 통증을 느끼고 고통받는 분들에게 은총을! 오늘은 사랑이가 미리 찜해 놓은 샤로수길에 있는 이태리 식당으로 사랑이 복직 기념 점심을 먹으러 갔다. 이태리 가정식 스타일로 아늑한 분위기다. 이것저것 시켰는데 느끼한 음식 위주로 시켜 버리는 바람에 오는 길에 결국 입가심으로 떡볶이 한 젓가락씩 했다는. 그래도 사랑아, 잘 먹었어.

*2019. 2. 20.*

 드디어 오늘 사랑이가 복직할 학교로 출근. 많이 떨리고 여러모로 심적 부담이 있겠지. 너무 관심 집중되는 건 아닌지, 누군가 수군거리는 건 아닌지. 이 또한 지나가리니. 사랑아, 잘해 낼 거야! 껌딱지 하나가 늘 붙어 있다 없으니 너무 허전하다. 이제 사랑이 복직하면 이런 새로운 환경에 나도 익숙해져야겠지. 나만의 유익한 시간을 보낼 수 있도록 해야겠다. 퇴근하고 돌아온 사랑이는 종알종알 오늘 있었던 일을 내게 보고하기 시작한다. 다행히 같은 실에 근무하는 선생님들이 너무 친절하고 좋은 분들인 것 같다며. 다만 복직해야 할 학교가 예전에 근무했던 곳보다 훨씬 멀어져서 몸이 피곤해서 건강을 해치는 건 아닌지 걱정되었다. 이 또한 하나님께서 잘 보살펴 주시겠지? 지나친 걱정은 금물.


*2019. 2. 22.*

 사랑이 복직한다고 큰언니가 점심도 사주시고 멋진 코트도 선물로 사주셨다. 평소에 엄청 비싸서 만지작만지작 머뭇거렸던 옷인데 이번에 세일을 많이 해서 제법 할인된 가격으로 언니가 사주셨다. 화려한 디자인이 사랑이에게 잘 어울린다. 항상 받기만 하지만 언젠가 언니한테 베풀 날도 있으리라~ 멋진 코트 한 벌 생겨서 너무 기뻐하고 행복해하는 사랑이.

### 2019. 3. 4.

사랑이 복직 첫 출근. 긴 공백 끝에 두려움, 설렘 등 복잡한 심경이겠지? 모처럼 혼자서 힐링 코스 행. 쟈니가 있는 쉼터에 앉아 사랑이는 잘 적응하고 있으려나? 생각해 본다. 적응 기간이 필요하겠지. 사랑아, 주어진 환경에서 열심히 건강관리 잘하렴. 쟈니야, 도와줄 거지?

### 2019. 3. 6.

와, 생각지도 않았는데 둘째, 셋째 시누이 내외가 방문했다. 마침 집에 배추 된장국, 고사리 조기조림이 있어 동네 중국집에서 탕수육, 양장피 요리를 시켜 함께 내어서 대접했다. 다행히 맛있게 식사하고 대화의 시간. 지난날의 앙금들을 흘려보내고. 오빠 용돈이라며 그이에게 건네준다. 그중에 15만 원은 사랑이 용돈으로 나눠 주라고. 힘든 시간 보내고 출근한다니 대견하다며.

## 2019. 3. 7.

다행히 사랑이는 학교에 잘 적응 중인 듯하다. 발표 수업도 반강제?적으로 신청했다고. 그저 특기를 잘 살려 나가려무나. 사랑이는 자신의 쇼트커트 헤어 스타일에 아직 어색해했는데. 혹시 뭔가 사연 있는 헤어 스타일로 오해받는 건 아닌지 하고 내심 걱정도 하고. 근데 사랑이가 복도를 지나가는데 남학생들이 "We All Lie."라는 노래를 떼창했다고 한다. 요즘 인기리에 방영 중인 〈스카이 캐슬〉이란 드라마의 주제곡인데, 여주인공인 염정아의 머리 스타일과 사랑이의 머리 스타일이 비슷해서란다. 둘이 키도 크고 이미지도 비슷하다나? 암튼 별명이 '*정아 선생님'이라며 지나갈 때마다 짓궂은 남학생들이 쫓아와서 그 노래를 부른다고 한다. 나름 예쁜 여주인공 닮은 거니까, 이젠 사랑이의 머리 스타일에 대한 걱정도 끝인 거다. 인생이란 그런 거 같다. 막상 불안해하고 걱정한 대로 일어나는 게 아니다. 오히려 안 좋게 예상했던 일이 좋은 결과로 이어질 때가 있으니 말이다. 당분간 사랑이는 '*정아 선생님'으로 다니는 걸로.

## 2019. 3 .8.

'하늘은 스스로 돕는 자를 돕는다' - 의 진실한 뜻. 우리 가족에게는 다행히 성실함, 책임감 등의 DNA가 흐른다. 지금껏 누구에게 의지하기보다 스스로 일어서려고 노력하고. 고맙습니다. 좀 부족하다 싶은 부분은 경제력? 통장에 충분한 잔고는 없지만 자립심으로 각자 할 일을 하고 있으니 빌딩 한 채가 안 부럽다오. (뭐, 막상 있으면야 좋긴 하겠지만.) 그래도 건강하게 내 관리하면서 연금 받아 자식들에게 부담 주지 않는 나 스스로가 뿌듯하다.

## 2019. 3. 11.

오랜만에 나온 그이의 꾸러기 표정. 그이가 이번에 산 커피는 달다며 안 먹겠다고 한다. 성질이 난다. 생각해서 더 건강에 좋은 브랜드의 커피로 사줬더니. 그럴 거면 커피 마시지 말라고 큰소리 냈다. 그러고 나니 마음이 영 불편하다. 대신 우엉차 마시라고 권해 보았다. 그이가 별일 아닌 걸로 이상한 고집을 한두 번 부린 것도 아닌데. 나도 부쩍 짜증이 늘어났다. 짜증이 폭발하면 다시 후회하기의 반복이다.

## 2019. 3. 25.

언니네 계장을 가져다드리러 가는 길에 평소 시진이가 즐겨 듣던

CD 음악을 듣는데 울컥 그리움이 차오른다. 앞으로 살면서 시진이와 함께하는 시간을 얼마나 가질 수 있을까? 마음으로 통하고 통화하면서 잘 지내려니 하는. 그러고 보니 미국이 참 멀다. 물론 비행기 타면 반나절에 갈 수 있겠지만. 비행기 타는 일도 쉽지 않으니. 이번 방학 때 사랑이와 함께 가는 여행이 꼭 이루어지기를. 그래서 나 또한 시간 될 때마다 힐링 코스에서 산책하며 체력을 기르려고 노력 중이다. 오후에 힐링 코스를 걷고 오니 막내 시누이가 추어탕을 사 왔다. 외로운 오라버니를 가끔 찾아주니 고맙다.

### *2019. 3. 28.*

동창 모임이 있어 지하철 2호선을 타고 오는데 나보다 훨씬 젊은 여자가 다가와서는 어쩜 그리 세련되고 멋지시냐며, 서울에서 자주 보기 힘든 멋쟁이라며, 아름답다며. 쑥스러우면서도 기분이 좋았다. 베이지 버버리, 바지, 구두 차림인데 스카프의 효과일까? 이 나이에도 예쁘단 말을 들으면 기쁘다. 칭찬해 주는 그분의 마음씨가 곱다. 자신의 말 한마디로 다른 사람의 기분을 행복하게 만들어 주었으니.

## 2019. 4 .2.

　오늘은 S 병원에서 신경 검사를 받기로 한 날이다. 맨얼굴에 큰 선글라스를 끼고 모자 쓰고 스카프 두르고. 길을 헤매다 겨우 예약 시간에 맞춰 도착했다. 생각보다 간단하고 아프지도 않았다. 집으로 가려고 지하철 타러 가는 길에 나보다 젊은 아줌마가 말을 걸어 왔는데 "어쩜 그리 멋지세요?"라고 한다. 늙은 얼굴에 거기다 오늘은 생얼? 멀리서도 내 모습이 튀었다나? 딸들에게 이 얘기를 해주면 또 한마디 하겠지? 며칠 사이에 이렇게 외모 칭찬을 연달아 들으니 참 의아하기도 하지만 기분은 좋다. 암튼 두려웠던 검사를 마치니 숙제를 끝낸 기분? 결과는 일주일 후에 나온다는데 제발 무사하기만을 기도한다. 여러 차례의 검진에 결과를 기다리고 들어왔던 사랑이 기분은 어땠을까? 마음이란 게 참 묘해서 불안감이 더 크거든. 잘 지켜 주시겠지? 그럼!!!

## 2019. 4. 5.

　강원도 일대에 산불이 났다는 소식에 마음이 안타깝다. 태풍 같은 바람 때문에 정말 순식간에 불이 번졌다고 한다. 재난 사태다. 당사자들은 얼마나 참담한 심경일까? 전국의 소방대원들이 소방차를 총동원하여 도움을 주기 위해 달려가는 모습을 보니 뭉클하다. 빨리 진화되었으면 기도한다. 저녁에 오랜만에 범수한테 전화가 왔다. 정이 많은 제자. 그 오랜 시간이 흘렀건만, 한결같은 마음이 느껴진다. 올여름에 미국 가면 범수도 꼭 만날 수 있었으면.

### 2019. 4. 8.

S대 검사 결과 듣는 날. 다행히 아무 이상 없고 몹시 아플 땐 약을 꼭 먹으라고 한다. 암튼 마음속의 찝찝함이 사라지니 감사하고 홀가분하다. 언니와 연락해서 백화점에서 만나 우리의 루틴대로 점심 먹고 정규 코스인 언니의 단골 옷 매장으로. 나는 땡처리하는 스카프, 팔찌 등을 샀다. 화장실에 간 사이, 매장에 있던 단골 멋쟁이 할머니 고객이 나보고 인형처럼 예쁘게 생겼다고 칭찬했다고 언니가 전하며 한턱내란다. 암튼 기분은 좋다.

### 2019. 4. 10.

아침에 시랑이가 무덤덤하게 "엄마, 말할 게 있어." 난 "뭔데?" 하고 물으니, "나 승진했어. 부이사관으로." 오 마이 갓! 역시 자랑스런

부이사관으로 승진한 시랑이 임명장

우리 시랑이. 시크할 정도의 무덤덤함. 사시 합격 때에도 무덤덤했던. 작은 일에도 꺅꺅하는 사랑이의 리액션과는 정반대다. 고맙고 감사! 또 감사하다. 그래도 성실히 근무했던 결과로 한 급 오르기가 쉽지 않은 일이다. 기쁜 소식을 큰언니한테 알려 드렸더니 많이 아주 많이 기뻐하신다. 시누이들이 엄청 큰 양란 화분을 축하 선물로 보내주었다. 그이도 무척이나 기뻐한다. 시랑이는 아무래도 이사관을 지내셨던 시아버님의 뒤를 잇고 있는 듯하다. 시아버님은 가지 못하셨던 나랏돈으로 미국 유학으로 대학원 공부도 마치고. 시아버님이 하늘에서 잘 지켜 주시고 있는 것 같다. 감사합니다. 기쁜 소식을 전해 준 시랑이에게 뭐 요리해줄까 물으니 엄마표 갈치조림이 먹고 싶단다. 오늘은 특별히 엄청 커다란 갈치를 사다가 조림을 만들어 줘야지.

> ♥ 엄마가 돌아가신 뒤 1년 반 후 2022년 여름 시랑 언니는 국장
> 으로 승진했다. 이번 승진 축하 식사에는 엄마가 곁에 안 계셨다. 엄
> 마가 계셨다면 얼마나 기뻐하셨을까? 하는 생각에 허전하고 슬픈 생
> 각이 들었다.

## *2019. 4. 16.*

시진이와 통화. 둘째 누나가 한국으로 돌아가고 마음이 영 허전했던지 오랜 기간 냉담했던 성당에 다시 나가기 시작했는데 그로부터 벌써 2년여가 흘렀다. 그동안 고해성사도 보았고 지금은 견진성사를 위해 교육도 받고 있다고 한다. 사랑이가 미국에 있었을 땐 거의 무신론자처럼 성당에 가고 싶다는 누나에게 핀잔 조로 얘기했다고 사랑이에게서 들은 것 같은데. 이젠 스스로 움직여 믿음을 찾아 나섰다니 큰 변화다. 감사하고 마음이 놓인다. 먼 타국에서 믿음으로 하느님께 의지도 하고 믿음이 같은 신자들과 교류도 하고 보호도 받고. 시진이란 이름답게 때에 따라 나아가고 있는 걸까? 남들보다 느리기는 하지만 자신만의 속도로 전진해 나가고 있는 울 아들.

## *2019. 4. 23.*

오늘은 시진이 견진성사 받는 날. 스테파노로 거듭남을 축하하고. 축복 많이 받고. 신으로부터 받은 재능을 꽃피우렴! 할렐루야, 아멘!

## *2019. 5. 2.*

예전에 엄마 목소리 변하기 전에 녹음해 줄 거라던 딸들의 약속이 이뤄질 듯. 사랑이가 '동상이몽'이란 예능에 나온 녹음실의 전화번호를 인터넷에서 검색하며 한참을 뒤져보더니 안양에 위치한 녹음 스튜디오를 알아냈다. 사랑이가 건네준 번호로 연락해서 사랑이의 재량 방학일인 6월 5일로 1차 녹음 날짜를 예약했다. 막상 노래를 녹음하고 나만의 음반을 만들 수 있다는 생각에 설레고 행복한 기분이 들었다. 음반 녹음 제작 비용은 시랑이가 내고 검색, 운전, 매니저, 노래 선곡, CD 사진 선정 등 기타 잡일은 사랑이가 맡기로. 좌청룡 우백호 딸내미답게 역할 분담도 척척!

## 2019. 5. 9.

미국은 오늘이 5월 8일. 어버이날 옛 스승을 생각한 건지 암튼 정 많은 제자인 범수한테 전화가 왔다. 시진이랑은 형 동생처럼, 사랑이랑은 누나 동생처럼 친하게 지내도 될 듯하다. 인연 맺기도 힘든 세상. 외로운 지구인들끼리 잘 지내면 좋지 않을까? 범수가 이렇게 다가오니 진심이 느껴진다.

사랑이가 나의 음색과 어울리는 음반에 넣을 노래를 선정해 왔다. 사랑이는 내가 "시월의 어느 멋진 날에"와 "꽃밭에서"라는 노래를 부를 때 가장 좋아한 터라 그 두 곡은 꼭 불러야 한다며. 사랑이가 골라 온 노래에 내가 꼭 부르고팠던 "향수"랑 나의 학창 시절의 추억이 담긴 "산 너머 남촌에는," 내가 제일 좋아하는 팝송인 "My Way"란 노래들을 추가했다. 이렇게 둘이 한참을 상의한 끝에 12곡의 노래 리스트를 추렸다. 녹음을 앞두고 노래 연습을 했다. 특히 "My Way"는 팝송이니, 영어 교사인 사랑이의 코치대로 발음 연습에도 매진했다. 노래 연습을 하는데 잇몸이 통증으로 아려오고 가래도 나고. 나름 하늘이 내게 주신 나의 목소리. 더 늦기 전에 이렇게 CD로 박제할 기회 주심에 그저 감사하다.

> ♥ "고향의 봄"과 "섬집아기"를 꼭 CD에 넣었으면 했는데, 저작권 문제로 반주를 구할 수 없다고 하여 아쉽게도 뺄 수밖에 없어서, 결국 음반에 넣을 곡은 10곡으로 추려졌다. "산 너머 남촌에는"이란 노래가 생경하여 엄마한테 여쭤보니, 고등학교 시절 때 가끔 수업 중에 불려 나가 불렀던 선생님들의 신청곡이었다고 한다. 노래를 워낙 간드러지게 잘 불러서 엄마의 이름보단 "산 너머 남촌에는"이라는 별명으로 불렸던 적이 더 많았다고.

### 2019. 5. 17.

황당한 얘기가. 오늘 나에게 "사랑이 어머니, 사랑이가 많이 다쳤어요."라고 다급한 목소리로 전화가 왔다. 순간 스치는 공포, 두려움. 몇 초 후 바뀐 통화 내용. 실은 "엄마, 내가 친구한테 급히 사업자금을 빌려줘야 하고 어쩌구저쩌구…" 전화를 확 끊어 버렸다. 이름하여 공갈 사기단 보이스피싱 전화. 사업 자금 얘기에 번뜩 현타가 왔다. 평소 겁도 많고 의심도 많은 사랑이는 특히나 사람들과의 돈거래는 절대 하지 않기에 거짓말이라는 것을 알아챘다. 그래도 혹시나 해서 학교로 전화해 사랑이 잘 출근했냐고 확인해 보았다. 지금 수업 중이고 잘 근무하고 있다고. 메시지를 전달받았는지 사랑이가 수업을 마치고 내게 전화를 주었다. 통화 후에야 마음이 진정되었다. 이럴진대 실제로 일을 당한 사람들은 얼마나 기가 막힐까? 참, 나쁜 사람들! 그 죄를 어찌하려고. 시진이와 오랜만에 통화를 했다. 오늘의 황당한 얘기도 곁들여서. 서로 뜻이 맞으니, 대화가 즐겁다. 더할 나위 없음!

### 2019. 5. 19.

사랑이표 생일 케이크

어제의 외식에 이어 비가 촉촉이 내리는 오늘은 사랑이가 직접 내 생일 케이크를 굽고 달콤한 샴페인을 곁들여 집에서 조촐하지만 오붓한 생일 파티를 했다. 갑작스러운 심경 변화가 생겨서 생일 선물 겸 시랑이랑 둘이서 북해도 여행을 가기로 했다. 사랑이가 흔쾌히 다녀오라고 아빠 잘 보살피고 있겠다며 허락해 주었다. 북해도를 한 번도 안 가본 시랑. 나야 이번에 가면 세 번째이지만. 큰언니네 여행 얘기에 자극받아 여행 욕구가 용솟음치는구나.

## 2019. 5. 20.

사랑이와 대화 중, 순간 욱해서 사랑이와 부딪혔다. 순간 서러움에 이성을 잃고. 서로의 마음이 다쳐 본들. 그 힘든 시간을 함께 넘기고 잘한 게 훨씬 많은 아이에게 무슨 상처를. 반성 또 반성했다. 따뜻하게 보듬어 주다. 결코 이런 일이 자주 있어서는 안 되겠지.

> ♥ 정말 별다른 이유도 없이 대화 중에 급발진했다. 언니랑 나를 차별한다는 얘기였던 걸로 기억한다. 엄마랑 함께 그 힘든 시간을 견뎌왔는데 이런 별일 아닌 일로 서로 날 세우고 상처받고. 정말 쓸데없는 일. 그땐 엄마가 영원히 내 곁에 계셔줄 수 있을 거로 생각했겠지? 엄마한테 못된 짓했던 게 또다시 생각나 아려온다. '있을 때 잘해'라는 말이 다시금 가슴에 박혀온다.

## 2019. 6. 5.

오늘은 사랑이 재량 휴일 겸 드디어 노래 녹음하러 가는 날. 오늘은 10곡 중에서 5곡을 녹음한다고 한다. 제대로 설비와 음향을 갖춘 곳. 일류 가수들도 여기서 녹음 작업을 한다고 한다. 상냥하고 능숙한 동안 선생님의 지도로 5곡의 녹음 - 〈10월의 어느 멋진 날에, 친구, 산 너머 남촌에는, 사랑은 생명의 꽃, 가을 편지〉. 노래 중간에 침이 말라 힘들었지만, 정말 하얗게 불태웠다. 다음 녹음은 6월 13일. 많이 피곤하다. 사랑이도 운전하고 매니저 노릇 해주느라 수고했네. 우리 큰딸 시랑이가 녹음하라며 100만 원을 건네주었다. 고맙다. 이 모든 게 두 딸 덕분. 그리고 이런 나이에도 녹음할 수 있을 정도의 노래 실력과 목소리라는 유전자를 물려주신 부모님께도 감사 또 감사!

### *2019. 6. 13.*

두 번째 녹음하러 녹음실에 갔다. 오늘은 사랑이가 근무하는 날이라 매니저 사랑이 없이 나 혼자다. 오늘은 나머지 5곡인 〈해변의 길손, My Way, 꽃밭에서, 향수, 사랑 그 쓸쓸함에 대하여〉를 녹음했다. 듀엣곡인 향수를 혼자서 부르려니 힘들고, 박자를 맞추는 데 어지간히 애를 먹었다. 정말 많이 불렀는데, 암튼 친절하게 디렉팅해주는 선생님 덕분으로 녹음을 마쳤다. 선생님은 개인적으로 'My Way'가 단연 최고란다. 좋은 결과물이 나오기를 기다리며.

## 2019. 6. 22.

 오랜만에 그림 그리는 날. 〈자작나무 숲〉 그럭저럭 완성. 남의 솜씨 좋음을 부러워하지 말고 내 스타일대로. 시랑이가 요즘 마음 상태가 복잡한 거 같다. 괜히 욱! 하고 성질난다고. 저번 홋카이도 여행 때 우중충했던 날씨도 그렇고 엄마 앞에서 길을 헤맸던 것도 그렇고. 엄마 앞에선 부족하고 서툴러도 되는데… 완벽한 성격으로 때론 시랑이 본인이 가장 힘들겠지. 잘 추스르고 편안한 마음 갖기를 기대. 사랑이는 내일 연구수업 발표한다고 한다. 아무리 경력이 쌓여도 발표가 떨리는 건 당연하겠지만, 그래도 넌 잘할 거야. 마치고 나면 홀가분해지겠지. 파이팅!

〈자작나무 숲〉

## 2019. 6. 30.

CD에 수록할 노래의 음원 파일을 받았다. 사랑이랑 함께 노래를 들어보며 상태를 점검했다. 아뿔싸, 가장 애를 먹고 녹음했던 '향수' 노래가 이상하다. 노래 지도 선생님이 너무 젊어 이 노래를 잘 몰랐던가? 아무튼 이렇게 저렇게 짜깁기해서 완성된 노래는 내가 즐겨 부르던 그 '향수'가 아닌 게 되어 버렸다. 사랑이와 상의 끝에 결국 아깝긴 하지만 '향수'를 앨범에서 빼버리기로 했다. 사랑이는 영어 교사답게 팝송인 'My Way'를 듣더니, 나의 영어 발음이 잘못되었다며 지적했다. 내 나름대로 최선을 다했구만. 사랑이는 "아, 내가 이날 근무만 아니었어도 녹음 날 발음 교정을 해 줬을 건데, 아쉽네." 결국 총 9곡의 노래를 싣는 것으로. 친구들, 범수 등 몇몇 지인들에게 먼저 몇 개의 노래 파일을 전송해 보았다. 물론 칭찬, 격려의 댓글들. 나도 어찌 보면 관심종자? 남들 눈에 튀는 것을 싫어하는 우리 사랑이는 이런 나의 감정에 의아하겠지? 나의 내면에 있는 성악가가 되고팠던 스타 열망? 이렇게라도 내면의 욕구를 해소하는 건가? 100퍼센트 만족은 아니더라도 어쨌든 내 CD를 냈다니. 두 딸의 협조 덕분에. 내 CD 이야기하느라 범수와 통화했는데, 실은 범수도 아이돌이 될 뻔했다고 자신의 이야기를 꺼내 놓았다. 미국에 있을 때 우연히 길거리 캐스팅을 당해 (어쩌면 HOT에 토니 안 대타로 범수가 들어가 있었을 수도?) 보컬 트레이닝까지 받았단다. 몰랐던 범수의 새로운 사실에 놀라고. 어쨌든 둘 다 노래 녹음을 해봤다는 사실에 동질감을 느끼며 그날 밤 긴 통화를 했다. 참 특이한 인연이다.

### 2019. 7. 1.

시진이와 통화. 감명 깊게 내 노래를 들어주다니 행복하다. 사랑이는 옆에서 이왕지사 동네 노래자랑에라도 신청해 보라고 성화인데, 막상 어디 대회 나가는 거는 방안퉁수(?)인 나와 어울리지 않는다. 이렇게 소소하나마 주변의 지인 팬들이 나의 노래를 들어주고 좋아해주면 그걸로 행복한 거지. 이어폰 끼고 나의 노래를 다시 또 들어본다. 좋다!

### 2019. 7. 3.

드디어 CD가 완성되어 집으로 배송되었다. 두근두근. 몇몇 음원만 들어봤는데 전체 CD 앨범은 어떻게 완성되었을지 궁금했다. CD 커버를 보자마자 사랑이가 마음에 안 든다며 투덜투덜. 자신의 의도는 겉 커버에 내 보랏빛 라벤더 그림을 넣고, CD 안쪽에 나의 인물 사진을 넣는 것으로 계획했는데, 제작사에서 잘못 알아듣고 겉과 안의 사진을 반대로 넣어 만들었다며. 그리고 원본 사진에는 없던 비둘기 이미지는 왜 넣었냐며. 난 그런대로 만족인데 어찌나 눈이 높은지. CD 줄 분들의 이름을 써야지.

> ♥ 자신의 음반을 받아본 엄마가 너무나 행복해하시던 모습이 아직도 기억에 생생하다. 좀 더 멋들어지게 제작해 드렸으면 하는 아쉬움도 많았지만. 한창 트롯 열풍이 불던 시기라, 심수봉보다 더 간드러지게 노래를 잘 부르셨던 엄마를 위해, 언니와 나는 엄마한테 조만간 트롯 노래들을 수록한 2집 앨범을 제작해 드리겠다는 약속을 하며, 노래 연습을 틈틈이 해두라고 말했었다. 끝내 엄마의 2집 앨범의 꿈은 이뤄지지 못했지만.

### *2019. 7. 20.*

오늘은 그이 희수(77세) 기념 모임을 앞당겨 직계 가족들과 중국집에서 회식하기로. 딸들이 유명한 베이커리에서 휘낭시에 선물세트랑 나의 CD를 함께 챙겨서 답례품으로 준비해 두었다. 의외로 축하해 주는 분위기. 나는 딸들이 나의 CD를 제작해 주었다는 사실을 얘기하고 싶었을 뿐. 아, 무사히 행사 끝났네. 딸들 수고했어. 멀리 있는 아들은 열심히 살고 있는 그 자체가 효도다. 그저 바른길로 인도해 주시기를 바랄 뿐.

### *2019. 7. 23.*

사랑이는 한 학기를 무사히 마치고 여름 방학에 들어가고 드뎌 내일은 사랑이랑 함께 미국으로 떠나는 날. 사랑이는 국제 운전 면허증 발급 받으러 갔다. 나랑 사랑이가 미국으로 가 있는 동안 아버지를 보살피고 있어 줄 시랑이 응원 겸 예술의 전당에 있는 파스타집에 갔다. 우리 없는 동안 고생할 시랑이에게 조금 미안한 마음이 들었다.

### *2019. 7. 24.*

이번 미국 여행은 샌프란시스코에서 자유 여행을 하고 나서 오렌지 카운티의 산타아나 공항으로 가는 순서로 계획되어 있다. 난 그저 사랑이가 계획한 대로 따를 뿐. 샌프란시스코 공항에 도착하니 환승하는 사람들, 도착한 사람들로 북적북적 아수라장이다. 이렇게 사람들이 많은데도 모든 입국심사 카운터를 열지 않고 세 명 정도만 세월아 네월아 근무하는 모습이 생경하다. 한국이었다면 벌써부터 컴플레인

걸고 난리일 것을. 환승 비행기를 놓칠 뻔한 어느 젊은 커플이 발을 동동거리며 미안하지만 양보해 줄 수 있냐며 물어본다. 비행기를 놓치면 얼마나 황당할까? 너무나도 느긋한 공항 직원들 때문에, 공항에 도착하고 거의 두 시간 동안 서서 기다려야 했다. 너무 피곤하다. 다운타운에 있는 한인타운과 재팬타운의 한가운데 위치한 부티크 호텔 숙소에 7시경이 되어서야 도착했다.

## 2019. 7. 25.

와, 샌프란시스코의 여름은 춥다. 가만 보니 길거리에 경량 패딩을 입고 다니는 사람들도 꽤 눈에 띈다. 그저 여름이니 더우려니 생각했는데 큰 오산이었다. 말 그대로 이거야말로 피서?다. 아침으로 오바마 대통령이 들렀다는 레스토랑에서 사랑이가 좋아하는 딤섬을 먹었다. 다음 코스로 그레이스 성당을 가려고 했는데 사랑이가 길치라 구글 지도를 켜고 가는데도 찾는 데 꽤나 고생했다. 아이고 춥고 발도 아파라. 이렇게 걸을 줄 알았으면 운동화를 신고 나올걸. 우여곡절 끝에 성당에 도착해서 기도도 올리고 소살리토 섬에 가기 위한 페리를 타러 갔다. 페리를 기다리는 동안 한국에 아직 들어오지 않은 '블루 보틀'이라는 카페에서 유명하다는 라테를 시켜 마셨다. 소살리토 섬에 도착해서 클램차우더 맛집에 가서 따뜻한 클램차우더를 먹었더니 그제야 추위가 좀 가시는 듯해서 좋았다. 사랑이는 발 아파하는 엄마를 위해 여기저기 근처에 신발가게를 찾아 나섰고, 옷 가게랑 신발을 같이 파는 가게를 발견해서 들어가 보았다. 가게 주인아줌마가 어디서 왔냐고 물어서 한국에서 왔다니까 자신은 '장혁'이라는 배우의 팬이라며 어눌한 한국말을 건네며 친근감을 표시해 주었다. 이게 말로만 듣던 한류의 여파인가? 발이 아파서 충동적으로 사게 된 운동화이지만 가볍고 예뻐서 자주 신게 될 거 같다.

### 2019. 7. 26.

빅아이즈 갤러리

김국진 닮은 기린 그림

오늘은 '팰리스 오브 파인 아트(Palace of Pine Art)'와 다운타운에 있는 '빅아이 갤러리'에 가기로 했다. 사랑이는 실제 화가로 활동하는 마가렛 킨즈 여사의 인생 실화를 다룬 '빅 아이즈(Big Eyes)'라는 영화에 흠뻑 빠졌는데, 샌프란시스코에 방문한 김에 마가렛 여사의 갤러리에도 가보자고 했던 것. 사랑이는 영화 속 장면 중 호수가 건너로 보이는 '팰리스 오브 파인 아트'를 배경으로 등장인물 셋이서 풍경화를 그리며 피크닉을 즐겼던 부분을 제일 좋아했는데, 감성적인 사랑이는 꼭 그곳에서 돗자리를 깔고 피크닉을 해야 한다며 신나 했다. 그러나 정작 오늘따라 구름이 잔뜩 껴서 해가 안 보이는 데다 바람까지 불어 초겨울처럼 스산한 게 날씨가 협조해 주지 않았다. 아무튼 계획한 건 꼭 해내야 하는, 포기를 모르는 사랑이. 바람 부는 와중에 돗자리 깔고, 챙겨간 다과 놓고 책을 읽기 시작. 하지만 얼마 안 가서 결국 추위에 이기지 못한 사랑이가 "엄마, 이제 가자. 너무 춥다."며 짐을 챙긴다. 휴, 다행이다. 더 있다가는 감기에 걸리고 말지. 갤러리로 가는 도중에 샌프란에서 유명하다는 '수퍼두퍼버거'에서 버거를 먹고 다운타운으로 갔다.

사랑이는 여행 전 '빅아이 갤러리' 사이트에 들어가서 방문 날짜와 시간을 미리 예약해 두었다. 갤러리에 도착하자 기다리고 있던 직원이 반갑게 응대를 해주며 작품에 대해 이것저것 설명도 해주고 여사의 비공개되어 있던 작품들도 손수 꺼내 보여 주기도 했다. 사랑이는 생각지 않던 서비스에 너무 만족스러워했다. 여러 작품이 마음에 들었던 것 같으나, 가격 앞에 무너지고 결국 귀여운 큰 눈을 가진 기린 판화 작품을 145불에 구매했다. 근데 아무리 봐도 내가 보기엔 기린이 꼭 개그맨 김국진과 너무 흡사해 보였다. 저녁은 호텔 근처 한인타운 한식집에 가서 꼬리찜으로 마무리. 아르바이트하던 유학생이 너무 싹싹하고, 대견하고, 시진이 생각도 나서 팁을 두둑이 챙겨주고 식당을 나왔다.

### 2019. 7. 27.

오늘은 샌프란을 떠나 드디어 시진이가 있는 오렌지카운티 지역으로 가는 날. 산타아나 공항에 도착하니, 시진이와 생각지도 못했던 사랑이의 절친 써니와 써니의 딸, 고니가 함께 'Welcome' 사인을 들고 마중 나와 있었다. 사랑이와 써니의 우정도 참 대단하다. 동생네로 가서 조카 부부와 함께 저녁 식사로 하루를 마무리했다.

### 2019. 7. 28. - 7. 29.

오늘은 기차로 랑카스타에 사는 범수네 집에 초청받아 가는 날. 그냥 막연히 빈말로 하는 초대려니 했는데 범수가 꼼꼼하게 계획을 세웠다고 한다. 와, 엘에이보다 북쪽 지역에 위치한 랑카스타는 정말 더운 게 아니라 뜨거울 정도의 무더위다. 기차역에 도착하니 범수가 마중 나와 있었다. 미국에서 범수를 다시 보니 더욱 반가웠다. 범수네 집에 가니 범수의 형이 뒷마당에서 뜨거운 더위를 극복해 가며 손수 스테이크를 구워 주었는데 정말 웬만한 레스토랑에서 파는 것보다 훨씬 맛났다. 옛날 추억을 벗 삼아 화기애애하게 저녁 식사를 했다. 숙박은 범수가 근처 호텔에 방을 잡아주었는데 센스있게 방을 두 개 잡아서 하나는 나랑 사랑이가, 다른 하나는 시진이가 머물렀다.

 다음 날 아침은 호텔 조식을 이용했는데, 시진이가 와플 기계에 반죽을 넣어서 와플을 구워 주었다. 갓 구운 따끈한 와플 위에 메이플 시럽을 부어 먹으니 꿀맛이었다. 아들내미의 서비스를 받으니 행복 그 자체다. 식사를 마칠 즈음 범수가 차로 엘에이까지 데려다주었다. 며칠 뒤 다시 만나기로 하고 범수랑은 점심을 먹고 헤어졌다.


### *2019. 7. 31.*

 사랑이는 1박을 하기 위해 베프인 써니네로. 그동안 나는 시진이랑 함께 범수를 만나 라구나 비치에서 브런치를 먹었다. 함께 볼링도 치고 노래방에서 노래도 부르고. 범수가 아이돌 데뷔할 뻔했다고 하더니, 들어보니 노래 실력이 꽤 제법이다. 범수는 시진이가 예약한 호텔로, 나는 시진이의 아파트로 돌아왔다.

## 2019. 8. 1.

　시진이, 범수랑 카탈리나섬으로 갔다. 몇 년 전 바하 크루즈 때 사랑이와 잠시 정박했던 그 섬이다. 이번이 두 번째 방문이다. 시진이는 집라인을 타러 가고, 나와 범수는 남아서 근처 카페에서 커피를 마시며 대화를 나누었다. 얼바인으로 돌아와 5시경 사랑이와 다시 합류하여 넷이 함께 중국집에 가서 사랑이가 먹고파 했던 북경오리와 여러 가지 요리를 시켜 먹었다. 북경오리 가격이 한국의 반값이다. 미국 사람들이 오리고기를 잘 안 먹어서 가격이 착한 거겠지? 저녁 식사를 마치고 범수랑 헤어졌다. 다시 언제 또 만날 수 있으려나? 타국에서 옛 제자와의 만남 그 자체가 너무 기적과 같은 일이라는 생각이 들었다. 잘 큰 제자에게 이렇게 초청도 받고 대접도 받고 보람 있다.

> 　♥ 엄마의 부고 소식을 전했을 때 범수는 많이 슬퍼했다. 미국에서 만났던 게 인연이 되어 가끔 내게도 카톡으로 안부를 묻곤 했다. 몇 해 전, 범수가 한국에 온다고 알리며 엄마의 납골당 주소를 물었었다. 꼭 가서 인사드리고 싶다며. 엄마를 존경하고 그리워해 주는 엄마의 참 제자다.

## 2019. 8. 4.

신실한 신자가 된 시진이의 성화에 못 이겨 시진이 동네에 차로 5분 거리에 있는 성 토마스 성당에 일요 미사를 드리러 갔다. 누나인 사랑이나 내가 그렇게 성당에 다녀보라고 권했을 때는 마다하더니, 이젠 빈첸시오 봉사단에서 활동할 정도로 본인이 더 신앙생활에 적극적이다. 발동 걸릴 때까지가 오래 걸리지, 한번 발동이 걸리고 나면 그 누구보다 성실하고 열심인 시진이. 때론 먼 타국에 사는 가족보단 가까이에서 믿음으로 연결된 성당 식구들이 더 의지되고 고마운 존재일 터. 미사를 보는 데 흘러나온 〈주여, 임하소서〉라는 성가에 나도 모르게 눈물이 흘렸다. 그 모습을 본, 사랑이도 덩달아. 갑자기 흐르는 눈물에 좀 당황스럽긴 했지만, 모든 게 감사함으로 충만했던 그 순간, 하느님과의 교감이 이뤄진 듯했다. 미사가 끝나고, 시진이가 성당 식구들을 소개해 주었다. 인사치레겠지만, 다들 나보고 너무 젊고 세련되었다며 시진이 엄마인 게 좀 놀라운 눈치.

♥ 한 패션하시는 엄마를 보고, "어머, 스테파노 형제님 어머님으로 안 보이세요. 너무 젊고 세련되셨네. 영화배우인 줄 알았어요."라며 성당 구역 식구들이 놀란 듯 말했다. 그러자, 시진이는, "왜요? 저도 잘 생겼잖아요. 하하." 하며 너스레를 떨었다. 한때 시

> 진이는 대인기피증을 앓을 정도로 다른 사람과 대화가 힘들었던 시절도 있었는데. 엄마는 달라진 시진이의 모습을 보시곤 이젠 시진이 걱정은 좀 덜어도 되겠다며 안심하셨다.

### *2019. 8. 6.*

오늘은 점심을 먹으러 사랑이의 대학원 동창생 제시카가 아르바이트를 하는 페루식 일식당에 갔다. 생각지도 못했는데 제시카란 친구가 환영 선물이라며 풀코스로 점심을 대접해 주었다. 너무 맛난 점심을 잘 대접받은 거 같아서 그저 고마웠다. 저녁에는 시진이가 더위를 식히러 자주 간다는 헌팅턴 비치에 가서 바닷가를 거닐다가 미국에서 유행한다는 '모히또 커피(민트 맛 커피)'를 마셨다.

### *2019. 8. 8.*

써니의 막둥이 이든이의 생일 파티에 초대되어 점심으로 내가 축하 겸 딤섬을 샀다. 어린 이든이를 보니 참 귀엽게 생겼다. 막상 당사자인 써니는 늦둥이 육아에 힘들겠지만. 써니는 사랑이가 유학 시절 많은 의지를 했던 참 좋은 친구다. 사랑이가 아프다는 소식을 접했을 땐, 함께 오열하며 다니는 교회 식구들과 사랑이를 위해서 기도도 지극정성으로 해주었더랬다. 점심 식사 후 사랑이와 근처 베이커리에 가서 이든이 생일 케이크를 사서 써니네 집으로 갔다. 그릇이며 장식이며 센스 있고 참 예뻤다.

  시진이의 집으로 돌아가는 우버 안에서 나는 왠지 모르게 왈칵 눈물이 났다. 지켜보던 사랑이도 날 따라 눈물을 흘리고. "엄마, 왜 울어. 써니랑 헤어지는 거면 친구인 내가 울어야지." "나도 몰라. 그냥 기뻐서 눈물이 나나 봐. 니가 힘든 과정 다 겪고 함께 이런 행복하고 소중한 시간을 갖게 된 사실이 난 그저 기쁘네." 아! 이렇게 긴 시간도 뚝딱 지나고. 아름다운 추억이 쌓이고. 시진이와 또다시 이별하는 건 힘들지만 한국엔 나의 사랑하는 큰딸 시랑이와 그이가 기다리고 있지. 마음을 잘 추슬러야겠다.

써니 아들 이든이 생일상

엘에이를 떠나며 바라본 하늘

♥ 엄마가 돌아가시고 돌이켜 생각해 보니 이때의 미국 여행이 참 뜻깊었다는 생각이 새삼 들었다. 내가 힘든 투병 생활을 마치고 떠나게 된 첫 장거리 해외 여행. 미국에서 시진이와의 만남. 엄마 제자 범수와의 만남 등등. 써니네서 시진이 집으로 향하던 우버 택시 안에서 엄마가 흘리셨던 눈물을 보며 그때는 뜬금없다고 생각했었는데…

그 순간 엄마는 어쩌면 이 여행이 마지막일 수도 있을 거란 하나님의 운명적 시그널을 느끼셨던 건 아니었을까? 지금도 가끔 그날 엄마의 눈가에 맺힌 눈물이 떠오르곤 한다. 그땐 이런 행복할 기회가 많이 있을 거라고 막연하게 기대했었는데. 정말 인간은 앞으로 일어날 일에 대해 한 치 앞도 못 보는 미약한 존재일 뿐.

### *2019. 8. 10.*

새벽 4시 30분에 한국 도착. 벤을 타고 무사히 집에 도착했다. 깔끔한 시랑이 성격답게 집이 깨끗했다. 엄마 대신 아빠 보살피느라 수고가 많았네. 한국의 여름도 참 후끈하다. 내일은 수고한 시랑이 위로 겸 호텔에서 조식을 먹기로 했다.

### 2019. 8. 18.

모처럼 힐링 코스. 계속된 잇몸 통증으로 신경통약을 먹어서 컨디션이 어쩌나? 걱정했는데 어느새 서늘해진 바람 덕분인지 기분이 상쾌하다. 내일부터 개학하는 사랑이는 다시 출근 시작. 꿈같던 방학이 지나고. 이번 방학엔 미국 여행을 통해 사랑이와 나와 둘만의 즐거운 추억을 많이 쌓았다. 그러다 보면 또 다른 즐거움이 기다리고 있겠지?

### 2019. 9. 5.

S 내과에서 대장, 위내시경 검사, 초음파 검사를 했다. CT 촬영 결과 근데 췌장 쪽에 물혹이 있다고 한다. 의사 선생님의 모친이신 김 선생님한테 전화해서 심란한 마음을 전했더니 너무 걱정 안 해도 될 것 같단다. 제발…… 걱정이 밀려와 갑자기 또 사랑이는 그동안 얼마나 마음이 그랬을지를 떠올려 보았다. 검사-결과-수술-치료-복원이란 긴 세월 동안. 사랑이가 새삼 기특하고 존경스럽다. 그래, 제발 별일 아니기를 기도합니다.

♥ 문제의 발단은 이 물혹이었단 걸…

## 2019. 9. 7.

　우리 사랑이 얼마나 힘들었을까? 검사받고 초조함, 불안, 수술, 항암! 복원 수술. 눈살 한번 찌푸리지 않고 잘 견디고 넘어가 준 딸아이가 한없이 기특하다. 나는 이 나이에도 불안한데. 김 선생님과 다시 통화. 호탕해서 대화하고 나니 마음이 좀 편해진다. 시랑, 사랑이에게도 귀띔을 해주었다. 사랑이는 덤덤하게. 시랑이는 처음에는 놀라더니 곧 침착. 여러 가지 일들이 닥칠 때마다 의연하게 감사하게 견딜 힘을 주소서!

## 2019. 9. 9.

　전날 저녁에는 순간 오싹하는 기분에 청심환을 먹었다. 오늘 병원에 가봐야 하나? 병원에서 2시경에 내원하라는 전화가 왔다. 담당 의사가 나올 때까지의 몇십 초의 두려움, 공포란. 아무리 세월이 흘러도 그 기분은 떨칠 수 없구나. 다행히 나쁜 게 아니라고. 3개월 후에 변화의 추이를 보잔다. 감사합니다! 요즘 드는 생각. 나는 그이보다 건강하게 하루라도 더 살아야겠다는. 그이가 그 상태의 몸으로 긍정적으로 밝게 지내는 이유는 바로 내가 곁에 있기에. 희망을 품고 있는 남편이 문득 안쓰럽다. 시진이와 두 딸에게도 결과를 알렸다. 또다시 사랑이는 그동안 얼마나 힘들었을까? 생각해 봤다. 그것은 본인만이 이겨내야 하는 것. 기특하고 기특하다. 감사하며 열심히 살아야지. 표현은 안 하지만 시랑이도 내 걱정 많이 했겠지? 그냥 이대로 더 이상 나빠지지만 않기를. 김 선생님의 아드님인 곽 의사 선생님도 감동이다. 전화로 친절하게 별도로 설명도 더해 주시고. 요즘 참 보기 드문 따뜻한 닥터다.

> ♥ 아빠보다 하루라도 더 살고 싶어 하셨던 엄마. 혹여라도 자식에게 부담 지우기 싫으셨던 걸까? 엄마바라기였던 아빠한테도 엄마 없는 세상은 상상조차 할 수 없는 일.

### 2019. 9. 17.

큰일이다. 시랑이 하양이 쏘냐의 차 열쇠가 행방불명이다. 여기저기 찾아보았지만 못 찾고 결국 긴급서비스를 불러서 15만 원 주고 새 열쇠를 구입했다. 도무지 알 수 없네. 아무래도 쥐고 오다 어딘가에 흘리고 온 것 같긴 한데. 순간 자괴감도 들었다. 오후에 시진이와 통화했다. 아프니까 청춘이다 – 유난히 내면의 고통을 겪어 온 시진이. 이제 부드럽게 감사하게 삶을 관조하며 느끼는 것 같다. 거기에 신앙심까지! 그저 감사함으로 충만합니다.

## 2019. 9. 24.

사랑이가 감기 기운이 심해져서 조퇴하고 왔다. 면역력이 아무래도 약해서일까? 애들 가르치랴 먼 길 출퇴근하랴 힘들겠지? 하느님께서 항상 구원해 주시고 지켜 주시겠지? 아멘! 베란다 야외 화분들 옆에 물통을 놓았더니 드디어 새가 앉아 많이 마시고 가네~

## 2019. 10. 4. - 10. 6.

우라이 온천호텔에서의 〈애프터눈 티타임〉

Day 1, 며칠 전까지 감기 때문에 골골했었는데 영양 주사도 맞고 그랬더니 기적적으로 컨디션이 회복되었다. 오늘은 딸들과 함께 2박 3일로 대만에 자유 여행 가는 날! 사랑이 차로 공항에 가서 주차하고 사랑이가 체크인하고 난 그저 딸 뒤만 졸졸 쫓아다니면 된다. 비행 시간이 2시간 30분 정도, 대만공항에서 미리 예약한 픽업 차량으로 1시간 정도를 가서 '우라이'라는 온천 마을의 호텔에 도착했다. 개별 온천탕을 예약해서 온천 목욕하고 위층 레스토랑에서 대만식 애프터 눈 티타임을 가졌다. 호텔 방도 넓고 노천탕까지 있어서 좋았다. 모처럼 세 모녀 훈훈한 분위기.

Day 2, 다음 날 아침 일찍 사랑이랑 둘이서 호텔 대중탕에 갔는데, 아침 일찍이라 그런지 아무도 없어서 둘이서 온천탕 전세 내고 즐기다 나왔다. 최고! 조식 먹고 체크아웃하고 택시를 불러 타이페이 다운타운인 한국으로 치면 명동 같은 곳? '시먼딩'에 도착했다. 호텔에 짐 맡기고 택시 타고 딘타이펑과 쌍벽을 이룬다는 '덴수이러우'라는 유명한 딤섬 집에 가서 딤섬이랑 이것저것 시켜 먹었다. 알고 보니 할리우드의 유명 배우들이 방문한 맛집이었다. 후식으로는 호텔 근방의 망고 빙숫집으로 가서 망고 빙수를 먹었는데 정말 꿀맛이었다. 저녁으로는 사랑이가 미리 인터넷으로 예약한 유명한 대만 배우인 서기가 운영하는 '키키 레스토랑'이란 곳에 가서 인기 메뉴라는 계란두부튀김, 매운 도미찜 등을 먹었다. 예전 미국 옐로스톤 여행 중에 우연히 들렀던 중국집에서 먹었던 매운 우육면이 그립다며 시켜본 사천탕면은 아웃. 국물에서 화장품 맛이 나서 셋 다 한입 먹어 보고는 숟가락도 안 댔다는.

Day 3, 떠나는 날에는 호텔 앞에 있는 85도씨 베이커리에서 솔티드 커피랑 거기서만 파는 단짠단짠이 일품인 빵(일명 사랑이 왈, 돼지풀 빵 – 빵 위에 연유를 발라 돼지고기를 익혀 건조 시킨 뒤 잘게 찢은 것을 뿌린 빵)을 아침으로 먹었다. 지하철로 한 정거장 이동하여 용산사도 보고 보필랴우 옛 거리도 구경했다. 떠나기 전 마지막으로 한 번 더 망고 빙수를 먹고 공항으로! 무사히 귀국. 나의 소중한 추억의 한 페이지여!

♥ 엄마와 했던 마지막 해외여행....

*2019. 10. 17.*

오늘은 오전 10시 미사에 참례했다. 평일인데도 신자들이 많네. 미사 때 기도를 많이 드렸음에도 오늘은 왠지 멜랑콜리하고 센티멘털한 감정이 주체가 안 된다. 사람의 마음은 자기가 다스린다지만 과연 내 마음을 다스릴 수 있는 경지는? 사랑이의 투병 생활도 머릿속을 스치고. 앞으로의 일을 누가 알 수 있을까? 지금, 이 순간이 중요하다지만 스쳐 가는 불안, 두려움의 순간들을 완전히 없앨 수는 없는 듯.

*2019. 10. 19.*

오늘은 사랑이와 그림 그리는 날. 〈자카란다〉 그림. 그림 쌤의 코치를 받아 좀 더 완성된 그림이 되어 간다. 옆에서 그림을 그리던 초등

〈자카란다〉

학생으로 보이는 어린이가 "그림, 참 예쁘다."라고 칭찬해 주어 기분이 좋아졌다. 순수한 어린이의 마음에 든다니 뿌듯하다. 그림 완성 기념으로 오늘은 내가 두 딸에게 점심을 샀다. 근처 카페에서 커피타임을 가졌다. 모처럼 휴식은 참 기쁘고 좋다. 세 모녀의 대화는 끊이지 않고 항상 통하고 뿌듯하다. 돌아와서 시진이와 통화했다. 요즘 성당에 열심히 다니고 있는데 마음의 평화를 얻었다고 해 감사한 마음이 들었다. 시진이가 행복하기를.

♥ 2016년 초여름 엄마가 미국에 놀러 오셨을 때 내가 다니던 대학원 캠퍼스를 안내했던 적이 있었다. 캠퍼스 곳곳에 흐드러지게 보랏빛 꽃을 피웠던 자카란다를 처음 보시자마자 매료되셨던 엄마의 모습이 지금도 기억에 생생하다. 엄마는 자카란다를 추억하시며 이 그림을 완성했다.

## 2019. 10. 23.

저번 미국 여행 중 샌디에이고에 갔을 때 우연히 마주쳤던 양 신부님과의 인연. 시진이가 성당 구경시켜 주겠다고 해서 돌아보고 주차장으로 가는데 내가 갑자기 화장실에 가고파져서 급 다시 성당 쪽으로 향하는데 마침 차 한 대가 들어오고 거기서 양 신부님이 내리셨었다. 시진이랑은 애너하임 성당에서 만났던 적이 있던 구면이라. 그것이 인연이 되어 그날 신부님이 자신의 시간을 내주어 드라이버를 자청해 주시는 덕택에 편하게 샌디에이고 이곳저곳을 구경하며 돌아다닐 수 있었다. 고해성사도 받고. 그 이후로 가끔 신부님과 카톡으로 메시지를 주고받고 있던 터였다. 갑자기 양 신부님 생각이 나서 히말라야 사진(선인장)을 보내 드렸더니 곧장 답장이 왔다. 내가 지금 히말라야에 있는 줄 알았다고. 신부님의 순수함에 웃음이 나왔다.

> ♥ 엄마가 양 신부님과 별도로 연락을 주고받았던 것을 몰랐다. 엄마가 아프셨을 때 한 사람 한 사람의 기도가 절실했는데, 나는 용기 내어 양 신부님께 카톡을 보냈었다. 엄마가 아프시다는 말에 걱정해 주시고 미사 시간에도 엄마를 위해서 기도해 주셨던 정말 고마우신 분이다.

## 2019. 11. 15.

비가 좀 뿌리고. 그러나 계획했던 속초 리조트로 출발. 가는 도중에 때마침 며칠 전 검사 결과를 알리는 사랑이 주치의한테서 전화가 오고. 저번 초음파 검사에 의심스러운 게 보인다며 다시 검사를 받아보는 게 좋을 거 같단다. 하얗게 질린 사랑이의 반응. 운전은 계속하지만, 차 안에 고스란히 사랑이에게서 전해 오는 저기압의 기운. 잘 타일러 보았지만 사랑이 기분이 영 나아지지 않는다. 다시 의사 선생님한테 전화를 걸어서 물으니, 몇 달 뒤에 다시 초음파를 찍어 보자고 한다. 위험하지 않을 테니 너무 걱정하지 말라고. 시간이 흐르고 사랑이는 조금씩 평정심을 되찾고. 다행히 속초에 도착하니 비가 그쳐 날씨가 좋다. 사랑이 본인은 얼마나 마음이 그럴까? 나도 물혹 때문에 울컥울컥 불안이 엄습해 오는데. 두려움은 각자의 몫인가? 스스로 만들어 내는 마음이지만 마음의 주인은 주인이 또 못되네. 사랑아, 별일 없단다. 만에 하나라도!

## 2019. 11. 18.

언니랑 모처럼 만나 커피를 마시며 대화를 나누다 사랑이 얘기에 울컥 눈물이 쏟아졌다. 남의 큰일보다 나의 일이 더 아프고 강하게 느껴지는 게 인지상정이라지만. 지켜보는 마음 또한 아리고 무겁다. 두려움을 밀쳐내고 희망의 마음을 갖는 것도 나 자신이건만. 그게 뜻대로 안 되니.

♥ 내가 엄마의 걱정과 불안의 큰 부분이 되었다는 사실이 죄송하고도 또 죄송한 마음뿐.

### 2019. 11. 21.

S 내과에 CT 찍으러- 검사 결과 방사선 담당 의사 선생님이 좀 더 자세히 보기 위해서 MRI를 권유했다. 김 선생님 아드님께서 지인 찬스로 S대 외과 선생님께 직접 예약을 잡아주셔서 월요일에 방문하기로 했다. 김 선생님과 통화하며 "차라리 모르는 게 약일 수도"라고 했더니, "이 좋은 세상, 의료 기술로 고치고 살면 되지."라고 하신다. 그래, 언감생심 김 선생님 덕분에 최고라는 S대 진료도 받게 되고. 그래, 몸이 고장 났으면 고치고 살아야지. 어떻게 안 아프고 살 수 있을까? 마음속에 다시 긍정의 힘!을 다시 불어넣어 본다. 사랑아, 너 참 대단해. 어떻게 그 과정을 다 겪었니? 아직도 계속되는 정기 검진을 지금도 받고 있지만. 앞으로 의사 선생님을 믿고, 그저 긍정의 힘으로 극복

해야지! 주위를 둘러보니 다들 알게 모르게 그들만의 고통의 강을 건너왔다는.

> ♥ 엄마의 병 치료에 대한 불안과 걱정은 아빠나 나로 인한 트라우마였던 것 같아서 마음이 아팠다. 엄마는 본인의 병으로 인해 가족들이 걱정하게 만들지는 말아야겠다는 확고한 생각을 갖고 계셨던.

### *2019. 12. 6.*

추운 날씨. 집콕하고 있는데 시동생이 크리스마스 선물이라며 화장품을 보내왔다. 고맙다! 오늘따라 가슴이 막힌 듯 뻑뻑하고 욱신거리고. 순간 별별 생각이 다 들었는데. 전에 경험했던 역류성 식도염 생각이 나서 집에 있는 약을 먹었다. 검사 결과 전이라 신경이 예민해졌나?

### *2019. 12. 11.*

공책을 못 사서 그동안 일기를 못 썼네. 〈검사 결과 - 수술 확정- 1월 6일 입원, 8일 수술〉 예정이다. 지금으로서는 그저 감사합니다. 우연히 발견해 주셔서 치료받을 기회를 주시고, 김 선생님 아드님 지인 찬스 덕분으로 S대의 좋은 의사 선생님께 수술받게 되고. 인연의 고리는 우연과 함께 찾아오는 걸까? 사랑이도 호르몬 약 복용으로 오는 부작용으로 힘들어한다. 어미의 마음이란… 내 수술을 앞두고도 곁에 있는 심란한 딸 걱정이 먼저다. 이것저것 생각하다 보면 생각이 꼬리에 꼬리를 물고. 마음의 평화를 주시고 굳건한 믿음을 주소서! 미세 먼지를 뚫고 성당 미사 참례. 맑은 공기가 그립다.

♥ 엄마가 췌장에서 발견된 물혹을 제거하는 수술을 받겠다고 선언하셨다. 그냥 두기 찜찜할 테니 그냥 제거하는 것이 좋겠다는 의사의 의견을 따라서 결정하셨다고 한다. 아빠나 나 때문에 너무 건강에 노이로제 증상을 보이시는 건 아닐까? 덤덤하게 엄마의 얘기를 듣고 있던 언니와 달리 나는 처음에 엄마의 수술을 극구 반대했다. 고심 끝에 용기 내어 결정하셨을 터인데, 딸의 반대에 부딪히자, 엄마는 적잖이 당황하시면서 엄마의 마음을 몰라주는 것 같다고 생각하셨던지 서운해하셨다. 잠시 내 방에 와서 생각해 보았다. 내가 아팠을 때, 어디서 수술받을지 갈팡질팡했을 때, 엄마는 항상 내 편에서 지지해 주셨다.

정작 나는 엄마가 내린 힘든 결정에 오히려 반대하며 엄마의 마음을 더 불안하게 만든 건 아닐까? 엄마한테 가서 "엄마, 아까는 죄송했어요.

2019년

> 그냥 엄마가 수술이라는 힘든 과정을 겪게 되는 게 싫었어요. 엄마 인생의 주인공은 엄마니까, 엄마의 결정대로 따를게요."라고 말씀드렸다. 다행히 절개 수술이 아니라 복강경으로 하는 시술 정도의 간단한(?) 수술이라고 하니, 나는 그저 엄마를 위해서 기도드려야겠다고 생각했다. '하나님, 제게 기적을 베풀어 주셨듯이 엄마에게도 기적을 베풀어 주시고 용기를 주소서.'라고. 본인의 수술을 앞두고서도 자신보다 딸 걱정이 앞서셨다는 일기 내용을 보니, 너무 죄송할 따름이다. 엄마의 걱정을 덜어드리기는커녕 나란 존재는 엄마의 걱정 그 자체였던가? 불효녀인 사랑이는 웁니다...

### 2019. 12. 13.

치과 진료를 받고 언니를 만나러 신촌에 갔다. 마음을 다스린다는 것이 얼마나 힘든지. 가슴속의 에너지가 확 다 빠져나가는 느낌을 순간순간 받는다. 생식기도 만들고 인공 심장도 달고 장기 이식도 할 수준으로 의료 기술이 발전했는데. 나쁜 혹을 떼어낸다는 사실만으로도 나쁜 상상의 날개를 펼치는 나의 약한 정신력… 마음은 왔다 갔다, 감정도 그렇고. 두려움도 엄습하고. 오! 우리 사랑이 얼마나 힘들었을까? 옆에서 지켜보는 나도 힘들었지만, 본인만 할까? 나와 사랑이는 힘든 시간을 함께 버텨내며 이제 어둠의 터널을 빠져나왔는데. 앞으로는 환한 웃음과 희망의 시간을 누려야겠지. 아니 누릴 거야!


### *2019. 12. 14.*

H 호텔 이태리 식당에서 시랑이 생일 축하 파티. 호텔의 장식을 보며 더욱 크리스마스 분위기에 젖어 행복한 시간을 보냈다. 모든 건 생각하기 나름. 그래, 더 열심히 자신을 달래고 힘을 기르고 감사한 마음을 갖도록 해야지. 어쩌면 내게 닥친 위기지만 잘 넘기고 더 발전된 삶을 살아야겠다. 파이팅!


### *2019. 12. 15.*

사랑이가 시랑 언니 생일 겸 우리 부부 결혼기념일 기념 겸 겸사겸사 맛난 점심상을 차렸다. 딸들로부터 축하금도 받고. 정신력! 정말 고난 속에서도 힘든 상황 속에서도 가질 수 있는 강한 정신력! 자꾸 까부라지는 몸 상태에서 내 마음을 다스릴 수 있는 강한 정신력이 필요한 시기다. 힘내자!

### 2019. 12. 17.

    고기를 많이 먹어두라 해서 점심땐 불고기를 해서 조금 먹었다. 기운이 있어야 병원 생활도 하지. 아자! 씩씩한 이** 여사의 딸로서. 힘내자! 긍정의 힘!
    우연히 TV에 스피드 스케이팅 여제 이상화 선수의 이야기가 나온다. 망가진 이상화 선수의 무릎을 보며 참, 세상에는 공짜가 없다는 생각. 힘든 훈련만큼 몸도 상한 것. 내 몸에 이상이 생긴 것도 나도 그동안 열심히 내 몸을 써왔다는 흔적? 그래도 나의 엄마, 이** 여사가 고생하며 사셨던 것에 비하면 난 아무것도 아니다. 긍정, 감사, 믿음으로!

### 2019. 12. 25.

    성탄절을 맞이해서 딸들에게 내가 가지고 있던 소박한 금붙이를 선물로 주었다. 시랑이에겐 순금 열쇠 한 냥, 사랑이에게는 3돈 열쇠와 진주 반지, 액세서리. 소박한 선물. 왜 갑자기 엄마 보석을 나눠주냐며 사랑이가 묻는다. 그저 웃었다. 그냥 주고 싶으니까. 강한 정신력을 주옵소서!

♥ 엄마가 부르시더니 금붙이랑 액세서리를 언니와 내게 나눠 주셨다. 그땐 엄마가 뜬금없이 왜 그러시지? 그냥 수술을 앞두고 엄마가 불안하셔서 그런 건가? 하고 막연히 생각했었는데, 그게 엄마의 유품이 될 줄이야.

### 2019. 12. 28.

느긋한 주말. 딸들은 어제 명동성당에서 미사를 드렸다고. 엄마를 위해 기도했겠지. 아멘, 하느님, 저희의 기도를 들어주소서.

사랑이와 화실에 갔다. 〈들꽃 향기 II〉 작품을 완성하러. 화려한 색상을 마구 사용하여 점찍기로 그림을 그려보았는데. 색감이 화사하다는 칭찬을 들었다. 사랑이는 엄마는 점묘화의 대가라나?

### 2019. 12. 29.

모처럼 사랑이 표 브런치로 연어샐러드 샌드위치를 먹었다. 우리들의 소.확.행. 10시쯤 힐링 코스에 가서 쟈니한테 기도도 하고. 점심땐

스파게티와 불고기 채소 쌈을 먹었다. 공주님들은 잠시 외출하고 난 기도문 쓰면서 순간순간 스쳐 가는 상념들에 잠기다. 내 마음의 주인은 누구인가? 늘 생각나는 화두. 믿음, 감사, 그것만이 나의 중심을 잡아준다. 사랑이가 권태롭다고 말할 때마다 맘이 많이 아리다. 아가야, 내 마음을 좀 더 감사함으로 채우렴. 하느님, 이 아이들 따스하게 감싸 줄 배우자를 보내 주소서! 시랑이도, 스테파노(시진)도.

2020년

## 2020. 1. 1.

새해가 밝았다. 나는 새해부터 몸을 보수?하고 건강하게 해야 할 숙명. 그이에게 수술에 대해서 알렸더니, 어느새 고모들까지 다 알게 되었다. 작은 동서, 연수 엄마 통신이겠지. 어차피 알려질 일이겠지만, 나는 그이에게 괜한 짜증을 부렸다. 연민과 어우러져. 그이의 속마음이 어떨지 모르나 겉으로는 담담해 보인다. 사랑이가 방학 중이라 천만다행. 감사합니다. 나 대신 시랑이 언니도 지하철역까지 데려다주고. 음식도 해주고 (설거지는 쌓여 가지만)… 한가한 시간에 사랑이와 밀린 드라마도 몰아보고. 그날 지금, 이 순간만 생각하련다.

> ♥ 겉으로는 너무 담담해 보였던 엄마의 속마음이 이랬을 줄이야. 그래서 엄마는 강한 존재라는 건가? 다시금 엄마란 참으로 위대한 존재란 사실에 새삼 존경스럽다. 엄마가 나를 위해 헌신해 주셨던 것에 비하면 미미하지만, 엄마가 불안에 힘들어하셨을 때 내가 엄마 곁에서 함께 시간을 보냈던 사실에 조금이나마 불효녀로의 죄책감을 덜어 본다.

## 2020. 1. 3.

수술 전에 김 선생님을 만났다. 내 입맛 당기는 거 사주신다며. 김 선생님의 친절과 정에 감동! 내가 좀 받는 것에 약해서. 감사하다. 좋은 인연으로 좋은 추억 많이 만들기를. 입원 앞두고 링거 맞고. 어느새! 살면서 겪는 일 중의 하나이고 모두 하느님의 뜻대로 이루어지나니. 굽어살펴 주시고 도와주심을 확신합니다. 양 신부님도 나를 위해 기도해 주신다고. 감사, 감사, 감사합니다.

## 2020. 1. 4.

어제 김 선생님이 사주신 만두로 아침 식사. 큰언니가 만나자고 하여 신촌에서 점심을 먹었다. 차를 마시는데 언니가 위로금이라며 백만 원을 주셨다. 눈물이 핑 돈다. 내가 훨씬 젊으니 언니 뒷바라지도 하고 그래야 하는데. 동생이 오히려 언니 걱정만 끼치고 흑흑흑! 아자, 이** 여사의 딸! 나는 강하다!

♥ 네 자매 중에서도 큰이모와 엄마의 관계는 특히 돈독했다. 외할아버지가 돌아가시고 나서 혼자 남게 된 외할머니는 요양 병원에서 여

생을 보내게 되셨다. 아들이었더라면 어머니를 모실 수 있을 터인데, 딸이란 현실에 모실 수 없음에 마음이 아프셨다고 한다. 외할머니를 요양병원으로 모시고 나서 얼마 지나지 않아 아빠가 쓰러지시고, 엄마는 아빠 간병하느라 한창 정신이 없었다. 외할머니를 뵈러 갈 때면 엄마와 큰이모가 함께였던 터라 큰이모는 속으로 '이제 혼자서 외할머니 보러 병원에 가게 생겼구나.' 생각하고 있었는데, 어느 날 엄마가 전화로, "언니, 엄마 보러 병원 가야죠."라고 말해서 깜짝 놀랐다고. 엄마는 남편 일은 남편 일이고 엄마 보러 가는 것은 별도라고 했단다. 그때 큰이모는 엄마의 착한 마음 씀씀이와 어린 동생의 강한 정신력에 새삼 존경심을 느꼈다고 내게 말씀해 주셨다. 속세에 거리를 두고 사시는 둘째 이모, 멀리 미국에 사시는 막내 이모. 그래서 더욱 큰이모와 엄마는 서로가 서로에게 든든한 자매였을 터. 그런 동생이 수술을 앞두고 있다고 하니 큰이모의 마음도 얼마나 아프셨을까?

## 2020. 1. 5.

어제 또 잠을 설쳤다. 아무래도 병원에 갈 일 때문에 심란하다. 범수한테서 전화가 왔는데 기특하게도 시진이에게서 한약을 지어 먹었다고. 미국에서 서로 돕고 사는 게 흐뭇하다. 닥치는 일에 감사한 마음으로, 믿음으로, 굳게, 굳게 이겨나가자!

## 2020. 1. 16.

이 또한 지나가리니. 꿈 같던 시간이 지났다. 오늘을 쟁취하자! 앞으로의 일에 마음 쓰지 말고 두려운 생각일랑 가까이하지 말고. 사랑이가 옆에서 곰살맞게 돌봐준다. 배에 힘을 주어도 이제 좀 견딜 만하다. 밥을 반 공기씩 먹었다. 사랑이와 알콩달콩하며 지내니 그런대로 시간이 잘 간다. 오늘을 쟁취하자!

> ♥ 1월 8일 엄마의 수술은 생각보다 길게 진행되었다. 복강경으로 간단하게 혹을 제거한다고 하던 원래 계획과 달리 뭔가 심각해진 것인지 절개 방식으로 돌리는 바람에 수술 시간이 10시간 넘게 걸렸다. 큰이모가 병원에 와주셔서 수술 내내 함께 기도해 주셨다. 감사하다. 기도는 보태면 보탤수록 힘이 세지는 법!

### 2020. 1. 18

고모들이 방문했다. 딸들이 만두전골을 끓여 점심을 대접했다. 왜 눈물이 나는지. 아이들 몰래 눈물을 훔쳤다. 고맙다. 과거의 앙금이야 어찌 됐던지 가족이기에 이런 시간도 있겠지. 점심으로 막내 고모가 사 온 추어탕을 조금 먹었다. 오늘을 쟁취하고, 이 또한 지나가리라. 딸들은 내 '들꽃 향기 II' 그림 액자를 제작한다며 고속터미널 지하상가에 갔다.

### 2020. 1. 19.

사랑이랑 드라마 몰아보기를 하며 시간을 보낸다. 간식도 먹고. 다만 공기가 안 좋아서 바깥에 나가지 못하니 답답. 실내에서라도 걸어야지. 옆 동에 살고 계신 조 부장님께서 한과와 백김치를 주셨다. 맛있다. 고맙다. 내 곁에 따뜻한 정이 많은 분이 있다는 게.

### 2020. 1. 29.

사랑이는 출근. 힘들겠지. 코로나 때문에 온 세상이 들썩. 나처럼 면역 약한 환자는 특히 조심해야겠지. 생각보다 보험금이 적게 나왔지만 그래도 나왔음에 감사. 감사함으로 마음을 다스리자!

1. 일찍 발견한 점에 감사
2. 훌륭한 의사 선생님, 병원을 만나 성공적인 수술과 간병 받음
3. 병원비를 내준 시랑이에게 감사, 보험금도 나오고
4. 사랑스러운 딸들의 지극한 간병
5. 나를 걱정해 주는 사람들

## *2020. 2. 1.*

　시랑이와 함께 택시를 불러 S대 병원행. 코로나 때문에 검사받고 채혈하고 베이커리에서 간단한 아침 식사를 했다. 좀 쉬다가 감염내과에 가서 예방 주사를 3대 맞고 집으로 돌아왔다. 시랑이가 찜닭을 사 와서 점심으로 먹었다. 딸들의 사랑을 요즘 흠뻑 받는 것이 참 인생의 아이러니 같다. 애들 아가 때부터 클 때까지 사랑을 듬뿍 주었더니, 이제 내가 늙고 아프니 딸들이 나에게 사랑을 주네.

## 2020. 2. 3.

시랑이와 함께 택시로 S대 병원. 온도 체크하고 담당 교수님과 상담하였는데 역시나 항암은 필수라고 한다. 피하고 싶었는데. 막상 교수님이 그렇게 말하니 거부하기가 쉽지 않다. 병을 고치는 동안 그냥 의사 선생님은 하느님처럼 내 생명을 맡기고 의지해야 하는 존재이기에. 점심 식사 후 암센터 교수님과 면담했다. 수요일에 또 병원에 가서 이것저것 상담을 받아야 한다. 그래, 나의 생명에 관한 거니까. 최선을 다해야겠지. 다행! 보험금이 추가로 입금되었다. 중증 환자가 되니 입원비 기타 비용들이 확 줄었다. 아픈 건 싫지만 그래도 치료비 부담이 주니 마음의 부담은 좀 덜었다.

♥ 본인의 병 걱정으로도 힘든 와중에 병원비 걱정하시던 엄마. 아빠가 쓰러지셨을 때 아무 보험도 가입하시지 않아서 경제적으로 힘드셨던 게 트라우마로 남았던지, 엄마는 본인을 위한 보험에 가입하시고 자식들에게 절대로 경제적인 부담을 지우지 않을 거라고 결심하셨더랬다. 중증 환자가 되면 원래 병원비의 5프로에 해당하는 비용만 내면 되니까, 이 와중에도 치료비 부담을 덜었다고 마음의 짐을 덜었다는 엄마의 일기 내용에 마음이 너무 아팠다. 나도 항암 치료를 경험했던 터라, 제발 엄마의 항암 치료만은 피했으면 했다. 엄마가 수술을

결정했을 때도 수술은 받더라도 엄마는 항암 치료는 받지 말라며 신신당부했더랬다. 항암 치료는 정말 힘들고 고통스러운 과정이기에. 게다가 엄마는 평소에도 약에 약한 타입이라, 항생제만으로도 몸이 까부라져서 곧장 응급실로 실려갔던 전적이 있었다. 하지만 막상 주치의 치료 방식을 거부하기란 어려울 일이었기에, 엄마는 결국 항암 치료를 받기로 했다. 일단 받기로 했으니 항암 치료가 효과 있기를 엄마가 잘 견뎌주시기만을 그저 바랄 수밖에 없었다. 이런 결과를 예상한 건 아니었는데... 왜 그때 좀 더 강하게 엄마의 항암 치료를 반대하지 못했나? 아니, 그 이전에 수술부터 반대하지 못했나? 하는 결과론적인 후회가 밀려든다. 그랬다면 엄마의 병을 모른 채, 최소 몇 년은 더 엄마와 행복한 시간을 더 보낼 수 있지 않았을까? 하지만 이 모든 일도 다 하늘의 뜻이겠지? 인간은 아무것도 모르는 존재니까.

## *2020. 2. 4.*

시랑이 출근. 어제 함께 하느라 아주 피곤했을 터. 무병장수에서 일병장수로 제게 준 하느님의 숙제. 예전에 사랑이에게 내 목소리로 녹음해 줬던 〈하느님의 편지〉를 들으며 다시금 느껴보는 나의 숙제! 참, 부딪치면서 감내하면서 그저 기도하며 나 스스로 넘기는 현실.

시간이 흐르고…

## 2020. 2. 6.

사랑이는 어제 나랑 병원 가느라 쉬었는데 오늘은 출근. 사랑이는 오늘 방학식이라 내일부터 방학이다. 이제 내가 딸들을 기다리며 보고파 한다. 한파 때문에 밖에는 못 나가고.

> ♥ 엄마의 항암 치료로 나는 엄마를 돌봐드리기 위해 간병 휴직을 내는 건으로 교장 선생님과 상의했다. 결론적으론 학교에서 최대한 배려를 해줄 터이니 휴직은 하지 않는 쪽으로. 엄마한테 말했더니 엄마도 그러는 게 좋겠다며. 엄마는 속으로 어떤 마음이었을까? 지금 와서 생각해 보면 내가 좀 더 강하게 주장해서 간병 휴직을 내고 엄마 곁에 있어 줘야 했던 건 아닌지… 엄마는 내가 아팠을 때 오롯이 나를 위해 헌신해 주셨는데. 이래서 내리사랑이라고 하는 건가? 딸들의 퇴근 시간을 기다리며 하루 종일 불안한 마음을 다스리느라 애썼을 엄마의 마음이 더욱 절절하게 느껴졌다.

## 2020. 2. 8.

벽에 걸어 둔 〈들꽃 향기 II〉

딸들은 저번에 맡긴 〈들꽃 향기 II〉 그림 액자를 찾으러 고속터미널로. 표구해서 벽에 걸어 놓으니 나름 멋지다.

고칠 수 있는 병은 병이 아니다. 내 병은 최소한 불치병은 아니기에. 그래, 감사한 것을 생각하면 훨씬 많네. 주어진 대로 최선 다하고 고마운 분들의 보살핌이 있으니. 비까지 내리니 마음이 다운된다. 더 많이 힘들고 고통받는 사람을 위해 기도하자.

## 2020. 2. 14.

오늘은 사랑이 검진 날. 늘 불안불안했는데 다행히 아무 이상이 없다 해서 갑자기 눈물이 쏟아진다. 마음 한구석에 있던 무거운 짐이 빠진 듯. 훨씬 가벼운 마음으로 나의 치료에 임할 수 있겠네. 휴~ 감사합니다.

♥ 엄마는 또 나에 대한 걱정뿐…

### 2020. 2. 16.

아침 먹고 커피 마시며 딸들과 나누는 담소는 해피한 시간~ 참, 인생이란 게. 어릴 땐 아이들이 엄마를 밝히고 나이 드니 내가 딸들을 밝히네. 앞으로 항암 치료 중 힘들 때 딸과 함께하면 마음이 편해지겠지.

### 2020. 2. 20.

오늘부터 시작! 1주, 2주 주사 후, 3주 때 체크 후 항암 치료를 받을 상태가 되면 항암 주사 맞고, 그리고 1주 쉬고 다시 반복되는 시스템. 사랑이가 겪어왔던 과정을 이제 나도 겪게 된다. 시랑이는 환자 보호자 교육받고. 나의 관건은 체중을 늘리는 것. 감사함으로 최선을 다해야지. 감사합니다!

### *2020. 2. 21.*

    그런대로 컨디션이 괜찮아서 큰언니 만나는 약속을 이행. 앞으로 당분간 언니를 만나기는 힘들 것 같고, 사랑이도 시간이 없고. 영종도 쪽으로 드라이브해서 해변가 식당에서 식사했다. 돌아오는 길에 피곤했는지 졸면서 왔다. 엉덩이도 배기고. 참, 살을 찌우기가 힘들다. 전에는 잘 먹으면 체중이 잘 늘었는데. 아자, 아자, 아자! 잘 먹자! 시진이와 통화해서 근황을 알렸다. 닥치는 순간, 순간 감사하며 견뎌야지. 그런 힘을 주시옵기를 간절히 기도하며, 아멘!

> ♥ 엄마의 일기는 2020년 2월 21일을 마지막으로 끝났다. 더 이상 일기를 쓸 기운이 없었으리라.

# 그 후의 이야기

### *2020년 4월~*

    두 번째 항암을 한 뒤 암세포가 간으로 전이되었다는 청천벽력 같은 소식을 전해 들었다. 처음 시작은 물혹 정도를 떼어내는 간단한 일이었는데. 수술 후에도 담당의는 췌장암 분야 연구 논문으로 발표하자고 제안할 정도로 수술이 성공적이라고 했었다. 당시 진단받았던 엄마의 상태는 0기 정도이지만, 암 수술 후 의례적으로 만일에 대비하기 위해 받기로 한 항암 치료에서 전이라니! 간으로의 전이는 말기 암을 의미한다는 것을 알고 나서 한동안 충격에서 헤어 나올 수 없었다. 정작 엄마 본인은 얼마나 무서웠을까? 생각만 해도 끔찍했다. 항상 본인보다 남을 배려하는 엄마는 겉으로는 오히려 "최고의 병원에서 최고의 의료진이 꼭 병을 낫게 해줄 거야."라며 긍정적인 반응을 내비치셨고, 치료 과정 내내 씩씩하게 임하셨다. 이런 엄마를 보며 우리 삼남매도 절대 엄마 앞에서는 불안해하거나 걱정하는 내색을 하지 말자고 서로에게 약속했다. 내가 치료를 받는 동안 갑자기 들이닥치는 공포에 불안해할 때면, 엄마가 "사랑아, 모든 나쁜 건 엄마가 대신 다 가져갈 거니, 넌 아프지 않을 거야. 그러니, 걱정 마."라고 다독여 주셨던 말이 기억났다. 그땐 엄마의 위로에 그저 든든했는데, 엄마의 그 말이 씨가 되어 나 대신 엄마가 큰 병에 걸리신 건 아닌지 무서웠다. 나 자신이 원망스러웠다. 나는 '울 엄마는 절대 죽지 않아. 꼭 기적처럼 나을 수 있을 거야.'라는 말만 마음으로 계속 되뇄다.

### 2020년 8월~

추가 항암 치료가 시작되었다. 가끔 나나 언니가 연가를 내서 엄마를 모시고 병원에 함께 갔지만, 직장 사정상 엄마가 혼자서 병원에 다니시는 경우도 종종 있었다. 2020년 당시는 코로나 정국이어서 엄마는 코로나 검사와 항암 치료의 이중고를 겪으셔야 했다. 혼자 기다리며 치료받는 동안 얼마나 무섭고 지치셨을까? 엄마는 내가 투병 생활했을 땐 항시 내 곁에서 지켜 주셨는데… 이기적인 자식이었던 나 스스로가 너무 싫어진다. 부모의 자식 사랑에 비하면 자식의 부모 사랑은 티끌만큼도 미치지 못한 것 같다. 두 번째로 시도했던 항암 약 치료에도 암세포의 크기는 줄지 않고 오히려 조금 자라난 상태였다.

### 2020년 10. 25.~10. 26.

두 번째 시도했던 항암 약의 효과가 없기에 세 번째 항암 약을 시도하기로 했다. 그동안 치료에 심신이 지치셨던 엄마는 모처럼 바다고 보고 싶다고 하셔서 담당의한테 허락받고 세 번째 항암 치료를 받기까지의 쉬는 기간을 이용해서 양양으로 1박2일 모녀 여행을 떠나기로 했다. 여행을 갈 때면 엄마는 항상 소녀처럼 행복해하셨는데, 이번

엄마와의 마지막 여행이 되어버린 양양 여행

여행에선 기운이 없어 거동하기도 귀찮아하시는 모습을 보니 마음이 짠하고 무거웠다. 지금 와서 생각해 보니 엄마의 담당의는 이번 여행이 어쩌면 엄마한테는 마지막이 될 수도 있으니 허락해 준 건 아닐까? 동해의 전망이 멋진 좋은 방을 배정받았는데, 나는 거동을 힘들어하시는 엄마를 위해 테라스에 의자를 내놓고, 일광욕도 하며 앉아서라도 바다를 실컷 보시라고 권해드렸다. 걷는 데 힘들어하시던 엄마의 다리를 주무르다 보니 엄마의 발톱이 빠져 있는 것을 발견했다. 이래서 엄마가 걷는 것을 더 힘들어하셨구나. 얼마나 걷는 게 고통스러우셨을까? 놀란 기색을 숨기고선 호텔 지하 마트에 내려가서 밴드를 사 와서 임시방편으로나마 발가락에 감싸 드렸다. 엄마, 제발 아프지 마세요!!!

### 2020년 11월~12월 초

세 번째 항암 치료를 시작하였으나, 암세포의 크기는 더 커져 버렸다. 병원에서 더 이상 치료할 약이 더 이상 없으니, 할 수 있는 일이 없다고 최후통첩을 해왔다. 담당의를 하느님처럼 믿고 의지했고, 꼭 치료받아서 나을 수 있을 거라 믿었던 당사자인 엄마는 얼마나 절망스럽고 무서운 심정이었을까? 성당에서 운영하는 집 근처의 호스티스 병원을 소개받았는데, 며칠 뒤, 호스티스 병원에서 담당 의사와 간호사가 집으로 방문해 왔다. 아직 우린 엄마의 죽음을 받아들일 준비가 안 되었는데, 그들은 치료해서 나을 수 있단 말이 아니라 좀 더 편하게 죽음을 맞이할 준비에 관한 이야기를 하고 있었다. 그들이 하는 말들이 그냥 허공에 떠다니는 것 같았다. 언니와 난 그때까지도 여전히 아직 기적은 일어날 수 있다고 믿고 싶었다. 항암 약은 독해서 엄마한테 효과가 없었지만, 이제 암세포를 잘 달래면서 잘 먹고 휴양하면 더 이상 엄마의 증상이 심각해지지 않은 상황에서 그럭저럭 살아갈 수 있을 거란 실낱같은 희망을 여전히 버릴 수 없었다.

하지만 엄마는 S 병원에서의 치료를 끝으로 자신의 운명을 받아들이신 걸까? 우리의 바람과 달리 집에 돌아온 뒤 엄마의 증상은 더욱 빠르게 악화되었다. 항암으로 괴롭힘을 당했던 암세포들이 이제 항암 치료가 끝나니 살판난 것처럼 몸에서 더 빨리 번져가고 있는 것 같았다.

나는 수시로 불안해할 엄마가 걱정되어 엄마한테 카톡으로 메시지를 보내곤 했는데, 그즈음부터인가 엄마는 대답 대신 이모지로 답장을 보내오기 시작했다. 그도 그럴 것이 약의 부작용으로 타이핑을 치기 힘들 정도로 엄마의 손과 발이 퉁퉁 부어올랐다. 엄마의 모습은 점점 말라가고 부작용에 달라져 갔지만, 여전히 울 엄마는 절대 죽지 않을 거란 희망의 끈은 놓지 않았다.

### 2020년 12.30.

기다리던 겨울방학이 시작되고, 엄마와 좀 더 함께 지낼 수 있는 시간이 생겨서 다행이었다. 엄마의 하루 일과는 소파 한쪽에 앉아서 케이블 채널을 통해 방영되는 〈전원일기〉를 보시거나, 침대에 누워서 잠을 주무시는 것이 대부분이었다. 치통과 자식들 걱정으로 잠 못 이뤘던 부분에 대한 밀린 잠을 몰아서 주무시는 것처럼… 〈전원일기〉는 엄마가 젊은 시절에 시청했던 드라마여서인지 그 드라마를 보시며 옛 추억 속으로 빠져드시는 것 같았다. 그즈음 엄마의 식욕은 거의 사라져 엄마는 먹는 행위 자체를 힘들어하셨다. 엄마가 유일하게 즐겨 드셨던 게 구운 누룽지였는데, 연수가 이천 시댁에서 직접 만들어 온 누룽지를 프라이팬에 구워서 설탕을 솔솔 뿌려두면, 엄마는 한 조각씩 입에 넣고 누룽지가 말랑해질 때까지 한참 동안 입안에 불렸다가 드시곤 하셨다. 피곤해진 엄마가 침대에 누우시면 나는 엄마의 다리를 주물러 드렸다. 그동안 엄마의 몸은 충격적으로 많이 야위어 앙상했다. 엄마는 "니가 어렸을 때는 내가 너를 보살폈는데, 이젠 내가 너의 보살핌을 받는구나."라고 말씀하셨다. 나는 "엄마, 외할머니 말씀처럼, 엄마는 정말 황소 맞나 봐. 남들보다 몇 배로 너무 열심히 살았잖아. 그러니 이젠 황소가 너무 힘들고 지친 거야. 지금 편히 쉰다고 생각해. 엄마는 정말 너무 열심히 살았어. 늘 고맙고 미안해, 사랑해."라고 대답해 드렸다.

### 2021년 1월 1일

졸린 눈을 비벼가며 어젯밤 자정까지 기다려 새해 소망으로 엄마의 건강을 간절히 기도했건만… 잔인하게도 새해가 지나자마자 엄마의 상태가 급격히 나빠졌다. 황달 증세가 시작되었는데, 뭔가 예사롭지 않은 신호 같아서 겁이 덜컥 났다. 엄마가 거울을 보시더니, 재차 "내 눈 이상해 보이지?" 하고 물으셨다. 나는 엄마가 놀라실까 봐, "뭐 그렇게 이상하진 않은데."라며 애써 하얀 거짓말을 했다. 그날부터 엄마는 화장실에 가는 것조차 휘청이시며 힘들어하셨다. 엄마가 이동하시다가 쓰러지시면 더 큰 사고로 이어질지 모른다는 판단이 들어서, 언니랑 집안 어른인 작은아빠께 어떻게 하면 좋을지 함께 상의한 끝에, 결국 엄마를 동네 호스피스 병원에 입원시키기로 했다. 그동안은 엄마의 만류로 미국에 있는 시진이에게는 엄마의 상태에 대해서 심각하지 않은 것처럼 포장해 왔었는데, 나는 상황이 점점 더 심각해질 거 같다는 예감이 들어서 미국에 있는 시진이에게도 전화해서 현 상황에 대해서 전달했다. 소식을 접한 시진이도 많이 놀란 눈치. 병원에 가는 동안 엄마의 표정을 보니 엄마도 자신이 다시 집으로 돌아오지 못할 거라는 것을 육감적으로 눈치채신 듯했다. 나는 애써, "엄마, 황달 때문에 병원 가서 치료받으러 가는 거야. 황달 증상이 다 나으면 다시 집으로 올 수 있어."라고 말했다. 사실 그렇게 믿고 싶었다.

코로나 시국이라서 병원의 격리 체계는 여전히 엄격했다. 입원하려면 전문 간병인을 쓰던가, 아니면 가족 중 한 명이 남아서 엄마의 곁을 지켜야 했다. 나머지 면회는 일주일에 1회로 제한되었다. 시랑 언니는 자원해서 자신이 엄마 곁에 있겠다고 했다. 남에게 엄마를 맡기고 면회도 일주일에 한 번밖에 못 하면 엄마가 겁내할 거라면서. 언니의 결정에 너무나 고마웠다. 항상 엄마의 껌딱지였던 나였지만, 당시 엄마의 곁에서 있는 것은 마음이 나약한 나에겐 너무나 무섭고 두려운 일이었다. 나부터 무너져 내릴 것 같았기 때문이다. 집에서 언니 물건을 챙겨 전해주고 나는 집으로 돌아왔다.

## 2021년 1. 2.

어떤 이유에서였을까? 지금 와서 생각하니 하느님께서 내게 신호를 주신 걸까? 갑자기 시진이에게 전화를 걸어 엄마의 상태가 심각해진 만큼 서둘러 한국에 들어오라고 했다. 코로나 시국인 만큼 귀국과 격리에 많은 서류와 시간이 필요했기 때문에 시진이가 당장 들어와야 할 것 같았다. 시진이는 엄마의 상태가 심각하다는 것은 알고 있었지만, 엄마의 시간이 얼마 남지 않은 거 같다는 내 얘기를 듣더니 그저 "말도 안 돼!"라는 말만 반복하고는 한동안 말이 없었다. 시진이의 머릿속에 항상 자신을 묵묵히 지켜봐 주고 응원해 주던 엄마가 사라질 수도 있다는 생각에 그동안 함께했던 엄마와의 시간이 주마등처럼 지나간 건 아닐까?

### 2021년 1. 4.

급히 시진이는 한국에 왔지만, 엄마 면회까지 넘어야 할 장애물들이 너무 많았다. 코로나 검사, 증빙서류, 그리고 일주일간의 호텔 격리 등. 그동안 엄마가 잘 버텨주실 수 있을까? 그렇게 그리워하던 시진이를 보면 기뻐서 기적적으로 엄마의 증상이 조금 호전되진 않을까? 드라마나 영화에서는 그런 기적이 일어나기도 하던데. 면회를 못 가는 나는 언니와 통화하면서 매일 엄마한테 "시진이가 올 거니까 잘 버티고 있어."라고 수화기 너머로 전했다. "엄마, 엄마는 착하니까, 다 잘 될 거야."라는 말과 함께.

큰이모께도 용기 내어 전화를 드렸다. 큰이모는 엄마가 호스피스 병원에 입원했다는 얘기를 듣고 오열하셨다. 아끼던 동생이 이런 극한 상황에까지 왔으리라고는 믿고 싶지 않으셨으리라. 그동안 엄마는 큰이모가 걱정하실 것을 염려해서 절대 자신의 상태를 알려주는 것을 꺼려 왔었다. 꼭 건강한 모습으로 회복하여 언니와 재회하고 싶으셨으리라.

### 2021년 1. 5.

오늘은 병원에서 아빠를 모시고 면회 오라는 메시지를 언니로부터 전달받았다. 아무래도 사별 전에 있는 통과의례인 듯했다. 엄마에게 의지만 했던 아빠가 이런 현실을 받아들일 수 있을까? 아빠도 엄마가 자신을 두고 먼저 간다는 생각은 한 번도 한 적이 없을 터인데. 나도 아빠도 며칠 만에 엄마를 대면했다. 단 며칠 만에 엄마의 모습은 또 너무나 달라져 있었다. 엄마를 보자마자 아빠는 오열하셨다. 엄마는 아빠가 기댈 수 있는 유일한 존재였다. 그런 엄마가 자신 곁을 떠난다고 생각하니, 마치 어린아이가 엄마를 떠나보내는 것 같은 마음이었을까? 엄마는 기운이 없으신지 아무 말도 안 하셨다. 엄마는 한참 동안 물끄러미 아빠를 쳐다보셨다. 두 분의 눈빛으로 나눈 대화는 부부끼리 나누는 두 분만의 교감이겠지. 오늘 급격히 악화되어 가는 엄마의 상태를 보니 엄마가 시진이의 격리가 끝날 때까지 못 버티실 수 있을 것 같다는 두려움이 엄습해 왔다. 집에 돌아와 나는 무작정 보건소 담당 직원에게 전화를 걸어서 절박한 상황을 설명했다. 다행히 이런 상황에서는 필요 서류를 준비하면 임시로 면회를 허용해 줄 수 있다고 했다.

  슬픔을 주체하는 것만으로도 힘든데, 현실에서 해야 할 일이 많다는 사실이 더 잔인하고 서글픈 일이었다. 한편으론 아직 엄마의 죽음을 현실로 받아들이기 싫었지만, 다른 한편으론 엄마의 영정사진, 수의, 납골당 등 준비해야 할 현실적인 일들을 외면할 수만은 없었다. 엄마의 앨범을 뒤져서 엄마가 예쁘게 나온 사진 한 장을 골라 사진관에 가서 커다랗게 확대해 달라고 했다. 사장님이 말씀은 안 하셔도 이 사진의 용도를 눈치채신 듯했다. 다음으로는 엄마가 마지막에 입을 예쁜 잠옷을 사기 위해 속옷 가게에 들렀다. 사장님이 누구 줄 거 사냐고 해서 나는 나직이 "엄마요."라고 대답했는데, 엄마가 무척 마음에 드실 거라며 예쁜 잠옷 한 벌을 추천해 주셨다. 나는 속으로 '그냥 엄마한테 드리는 선물이었다면 얼마나 좋았을까?' 하고 생각하며 차오르는 눈물을 겨우 참고 가게 밖을 나왔다. 납골당 문제는 작은아빠가 9일에 몇 군데 같이 둘러보며 해결해 주기로 하셨다. 평소에 자신이 엄마한테 진 빚이 많다며, 꼭 납골당만큼은 시동생인 자기가 형수님을 위해서 마련해 드리고 싶다고… 감사하다.

## 2021년 1. 6.

　시랑 언니가 집에 잠시 들러야 할 일이 생겨서 그 시간 동안 내가 대신 엄마 곁을 지키게 되었다. 대부분 시간, 엄마는 눈을 감고 계셨다. 잠깐 눈을 뜨셨을 때 나는 엄마의 귀에 대고 "엄마, 시진이가 내일이면 병원에 엄마 보러 올 거야. 조금만 더 힘내. 견딜 수 있지? 겁내지 말고. 엄마는 평생 착하게 살아서 하늘에서 다 지켜 주실 거야."라고 속삭였다. 엄마가 부른 노래 음원 중에서 'My Way'를 재생해 주었다. 가사가 인생을 반추하는 내용인 만큼, 내 느낌일지 모르겠지만 노래가 재생되는 중간에 엄마의 눈가가 촉촉해진 것만 같았다. 저녁쯤이 되어 언니와 교대하고 집으로 향했다. 우리 가족에게는 이런 큰 비극이 닥치고 있는데, 주변의 다른 사람들은 아무렇지 않게 잘살고 있구나. 또다시 나는 우주 안에서 고립된 채 살아가는 한낱 인간에 불과하다는 생각이 들었다. 그동안 자식들에게 헌신해 온 엄마를 위해 이제 효도할 시간이 무궁무진할 거로 생각했는데. 이렇게 허망하게 엄마가 나의 우주에서 사라져 간다는 생각이 들자, 슬프고 서럽고 화나고 여러 가지 감정이 뒤섞이며 괴로웠다. 한낱 인간이 바라는 때(시간)와 하나님의 때(시간)는 이다지도 다른 건가?
　그때 갑자기 하늘에서 함박눈이 내리기 시작했다. 잔인하리만큼 참 예쁘게도 얌전히도 내린다. 마음의 동요가 멈추고 눈물이 흐르더니, 왠지 모르지만, 갑자기 마음에 평온이 찾아왔다. 그 순간, 마치

하늘에서 천사들이 내려오는 것 같았다. "걱정하지 마라, 모니카야. 네 엄마는 천국에 가서 편안하고 행복하게 사실 거란다. 엄마는 이제 모든 짐에서 훌훌 벗어나 자유롭게 사실 거야."라고 천사가 내 귓가에 속삭이는 것 같았다. '주 날개 밑'이라는 성가의 가사가 귓가에 맴돌았다.

### 2021년 1. 7.

 드디어 기다리고 기다리던 시진이가 면회 오는 날이 왔다. 병원에서 삼 남매가 모두 엄마를 볼 수 있는 시간을 특별히 허락해 줬다. 대부분 눈을 감고 계셨던 엄마는 이날만큼은 어쩌면 시진이와의 마지막 대면일 수 있기에 평소와 달리 조금이라도 시진이의 모습을 더 보기 위해서 면회 시간 내내 눈에 힘을 주시고 시진이를 응시하셨다. 전화로 전해 듣던 것과 달리 막상 엄마의 현실을 대면한 시진이는 큰 충격을 받은 듯 엄마의 손을 부여잡고, 엄마한테 그동안 고마웠던 일, 죄송했던 일, 불효자인 자신을 끝까지 지지해 주시고 믿어주셔서 감사했다는 말을 되뇌었다. 시진이의 눈엔 눈물이 그렁그렁 맺혀 있었지만, 그래도 애써 엄마 앞에서 든든한 아들의 모습으로 남기 위해 감정을 추스르려 노력하고 있었다. 우리에게 주어진 30분간의 면회 시간은 순간의 찰나처럼 금방 끝이 났다. 코로나 시국이라는 현실이 너무나 가혹

하게만 느껴졌다. 병실에서 나온 시진이는 이제야 마음 놓고 엉엉 눈물을 쏟아냈다. 〈시간은 기다려 주지 않는다〉는 말이 와닿았다. 언제까지 옆에서 든든하게 지켜 줄 것만 같았던 엄마가 이제 우리 곁을 떠난다. 그게 현실로 다가오고 있다. 언니는 시진이가 나가자마자 엄마가 다시 눈을 감으셨다고 했다. 엄마는 시진이를 쳐다보는 데 있는 힘을 다 쏟아내신 것 같다고 했다.

### 2021. 1. 8.

오늘은 큰이모가 엄마를 면회 오시기로 한 날. 안타깝게도 엄마는 끝내 눈을 뜨지 않았다고 한다. 아끼던 여동생과 눈도 맞추지 못하고 이별해야 한다는 슬픔에 큰이모는 무너져 버리셨다. 이렇게 되도록 왜 진작 자신에게 알려주지 않았느냐며. 가끔 전화로 엄마가 괜찮다고 말했던 것을 철석같이 믿고 자신의 동생에게 무심했던 자신을 너무도 자책하셨다고 언니는 전해주었다.

### 2021. 1. 9.

약속한 대로 작은아빠가 납골당에 가보자며 아침에 집에 들르셨다.

막 나서려는데, 병원에서 전화가 왔다. 아무래도 엄마가 오늘을 버티지 못하실 거라며 마음의 준비를 하라며 병원에 오란다. 부랴부랴 병원으로 달려갔더니, 엄마는 눈을 감고 계셨다. 엄마의 몸은 너무나 차가웠다. 심박수도 너무 낮았다. 언니 말로는 어젯밤 잠들기 전, 엄마를 살펴보는데 엄마가 눈을 뜨고 한곳을 한참 동안 응시하고 있더란다. "엄마, 왜 계속 힘들게 눈 뜨고 있어? 이젠 눈 감고 쉬어."라고 아무리 말해줘도 엄마는 계속 한곳을 응시했더라고. 무엇을 보고 있던 걸까? 자신을 데려오는 누군가를? 천사였을까? 우리는 사후의 세계를 알 수 없으니. 언니로부터 그 얘기를 들으니 정말 엄마의 마지막 순간이 왔다는 느낌이 들었다.

너무 슬픈 사실은 엄마의 임종을 앞둔 오늘이 바로 시진이의 생일이라는 것이다. 엄마가 오늘 돌아가신다면 남은 평생 시진이의 생일을 축하해 줄 수 있을까? 시진이의 생일보다는 엄마가 떠난 날의 슬픔의 감정이 더 클 것 같았다. 나는 엄마의 귀에 대고 "엄마, 그동안 너무 고생했어. 그동안 너무 지쳤죠? 며칠 전에 하늘에서 눈이 내리는데, 하늘에서 얘기를 들은 거 같아. 엄마 천국 가서 편히 자유롭게 살 수 있을 거라고. 그러니까 엄마, 무서워하지 말고. 두려워하지 말고. 편안히 생각해. 엄마, 오늘 시진이 생일인 거 알죠? 엄마가 그렇게 아끼고 사랑하는 아들 생일. 엄마 조금만 버텨줄 수 있어? 안 그럼 시진이 생일 때마다 너무 슬플 거 같아."라고 속삭였다.

의사 선생님이 병실에 오셔서 아무래도 오늘을 버티진 못할 테니 마음의 준비를 하라고 하셨다. 어느덧 시간은 흘러 자정에 다다르고 있었다. 다급히 나는 호텔에서 여전히 코로나 격리 중인 시진이에게 영상통화를 걸었다. 영상을 통해 눈을 감고 있는 엄마를 본 시진이는 오열하며 "엄마, 엄마!" 하고 소리 내어 불렀다. "엄마, 정말 대단해. 오늘 시진이 생일인데. 이렇게 마지막까지 시진이 생일 축하해 주려고 버텨줘서 고마워." 자정이 지나고 1월 10일이 되고 몇 초 후, 엄마의 눈에 이슬 같은 것이 맺히더니 이내 엄마는 마지막 숨을 거두셨다.

## 2021. 1. 12.

장례식 중에도 시진이의 격리는 여전히 끝나지 않았다. 우주복 같은 방호복을 입고 와서 입관식에 잠시 참석했다. 엄마의 시신에 가까이 다가가지도 못하고 멀리서 꺼이꺼이 오열하는 시진이의 모습을 보니 마음이 아려왔다. 화장장에서 화장을 마치고 납골함에 넣기 전에 재가 돼버린 엄마의 뼛가루를 보여 주었는데, 항암 치료 중에 엄마의 몸에 박았던 포트가 눈에 띄었다. 이렇게 1년 안에 엄마가 돌아가실 줄 알았더라면 항암 치료 대신 행복하고 유의미한 시간을 좀 더 보낼 걸 하는 후회가 또다시 밀려왔다. 좀 더 고귀하게 인생의 마지막을 맞이할 수는 없는 걸까? 그땐 더 건강하게 살기 위한 엄마의 선택이었지만 결과적으로 항암 치료로 인해 엄마 인생의 마지막은 처절하고 고통스러웠던 건 아니었을까? 만약 수술받지 않았더라면… 항암 치료를 거부했더라면… 1년보다는 더 오래 버티고 살 수 있진 않았을까? 만약에… 만약에… 나는 엄마가 그렇게 지양해 왔던 '만약에(if)'라는 생각으로 너무 괴로웠다.

엄마는 작은아빠가 마련해주신 기독교 기관에서 운영하는 (다행히 성당 신자들을 모시는 장소가 마련되어 있는) 납골당에 모셨다. 감사하게도 친할아버지, 친할머니 산소와도 차로 10분 거리여서 작은아빠가 자주 살피러 와주신다고 하셨다. 엄마의 장례부터 납골당까지 아빠 대신 물심양면으로 지원해 주신 작은아빠가 큰 힘이 되어 주셨다. 참 감사하다.

발인을 마치고 집으로 돌아오는데, 하늘에서 이쁜 눈이 내리고 있었다. 며칠 전 내렸던 그때 그 눈처럼 엄마 대신 내게 말해 주는 것만 같았다. "엄마 하늘나라에 잘 도착했어. 하늘에서 지켜보고 있을 테니, 엄마 없다고 너무 슬퍼하지 말고 잘 살아야 해."라고…. "엄마, 엄마도 이젠 모든 근심걱정 훌훌 털어버리고 하늘나라에선 주 날개 밑에서 행복하고 마음 편히 사세요."

## ~2025. 현재

　힘든 일을 겪고 나서 다시금 보잘것없는 존재로서의 인간의 미약함을 깨닫고 종교에 매달리게 되었다. 미사 중에 "주님, 영원한 생명을 주소서."라는 기도문을 읊조릴 때면, 특히 착한 엄마의 생명을 지켜 주지 않으신 하느님을 한동안 원망하곤 했다. 돌아가실 때까지 엄마는 얼마나 간절하게 기도로 매달리셨던가! 엄마가 돌아가시고 난 뒤, 가끔 여기저기서 사람들이 엄마의 안부를 물어서 놀랐던 적이 많았다. 동네 슈퍼 아줌마, 인테리어 사장님, 수선집 사장님, 미용실 원장님 등 엄마의 일상에 녹아 들어있었던 많은 사람들. 그들에게 차마 거짓말은 할 수 없어서 애써 담담한 척 엄마의 부고 소식을 전했다. 소식을 전해 듣자, 그들은 눈물을 보이며 진심으로 엄마의 죽음을 애도해 주었다. "사모님, 정말 멋지고 좋으신 분이셨는데, 꼭 좋은 곳으로 가셨을 거예요." 라며… 그 순간, '아! 영원한 생명이란 단지 육신의 생명을 넘어 엄마를 기억해 주는 이들의 마음속에 남아 영원히 살아간다는 걸 의미하는 건 아닐까?' 하는 생각이 들었다. '엄마는 참 잘 사셨구나. 엄마를 아름답게 기억해 주고 엄마의 죽음에 진심으로 슬퍼해 주는 사람들이 이렇게 많으니.'

♥ 엄마를 기리며 엄마가 그렇게나 좋아하셨던 라구나 비치를 배경으로 사랑하는 가족 완전체가 함께한 그림을 그려 보았다.

## 에필로그

　슬픔을 극복하기 위한 노력은 여전히 계속되고 있다. 이별의 슬픔과 그리움은 사라지지 않지만, 시간이 약이라고 시간이 흐름에 따라 그 강도는 점점 옅어져 가는 것 같다. 엄마의 일기장을 정리하고자 한 시작은 엄마의 두 번째 바람을 이뤄드리기 위함이었지만, 사실 이 작업은 엄마와 이별해 나가기 위한 노력의 과정 중 하나이기도 했다. 엄마의 일기를 읽으면서 뒤늦게나마 내가 미처 몰랐던 엄마의 속마음을 알 수 있었다. 엄마한테 좀 더 잘해주지 못한 점. 엄마의 마음을 알아주지 못한 점. 후회와 미안함이 밀려왔다. 한편으론 일기 속에 기록된 엄마와의 즐거웠던 소소한 추억들이 떠올라 행복하기도 했다. 이 글의 출판을 통해 작가가 되고팠던 엄마의 꿈을 뒤늦게나마 이뤄드릴 수 있으면 좋겠다. 바라건대 작가가 되고팠던 엄마가 뒤늦게나마 자신의 반강제적 작가 데뷔를 하늘에서 기뻐해 주신다면 더할 나위가 없겠다.

　운전 중 차 안에서 음반 속 엄마의 노래를 들을 때면 아직도 엄마가 곁에 살아 계시는 것 같다는 착각이 든다. 엄마와 언제 재회할지 알 수는 없으나, 하늘나라 어디에선가 우리를 지켜봐 주실 엄마를 생각하며, 엄마가 유산으로 물려주신 엄마의 철학을 지켜가며, 씩씩하게 살아가겠노라고 결심을 다져본다. 끝으로 사랑하는 사람이 늘 곁에 있어 주지 않으니, 있을 때 후회 없이 마음껏 사랑하라고 전하고 싶다. 또한 엄마 인생에 걸친 소중한 일상 하나하나를 모자이크처럼 채워준 모든 이들에게 감사의 인사를 전하며 이 글을 마무리 짓고자 한다.